生命中最重要的是前三年，

孩子和养育者的关系，是他一生的记忆。

0—3岁婴幼儿家庭科学育儿指导手册

中国福利会托儿所 编　　方 玥 主编

生活，
处处是早教

中国中福会出版社

主　编　方　玥
副主编　程　丹　胡　芳　马　梅
编　委（按姓氏笔画排列）
王　慧　许敏霞　刘金华　刘　敏　张瑞芬
俞　芳　董　峰　程莉莉　蔡璟烨
特约策划/编审　任雪蕊
参与机构　中国福利会托儿所
中福会早期教育中心
上海市人口早期发展协会

特别鸣谢“韩国童感宝宝儿童摄影”、中福会早期教育中心部分家长提供照片拍摄支持

目录

科研后援

序

在婴幼儿教育界，有一句话被大家视作黄金定律：生命中最重要的是前三年。

的确，出生后的三年，孩子身体发育迅速，心理发展明显，大脑发育尤其快，更是孩子建立思维模式、反应方式、人格、社会性、学习能力和学习模式的关键期。

它就像一个“扣”，解开这个“扣”，我们就能帮助孩子建立和培养起影响他一生的品格习性和各种能力，可谓事半功倍。爸爸妈妈一定要牢牢把握这个时机。

这里就必须说到亲子关系了。

生命之初，孩子跟养育者的关系，是他一生的记忆。爸爸妈妈的行为将对孩子的一生产生重要的影响、留下深刻的印记。正因为如此，早期的亲子关系显得尤为重要。建构好亲子关系需要父母费心费力，亲力亲为，反之则可能造成未来养育中的各种问题，有的还很棘手。

现在，大家都十分重视机构教育。有的父母，孩子才满周岁，就忙着找早教机构，买学区房。其实，3 岁前后，哪怕孩子已经进入早教中心或托儿所，家庭教育依然是最重要的早期教育，孩子跟父母的关系依然是最重要的关系，更是教育工作者最重要的研究内容。

这些年来，中国福利会托儿所秉承宋庆龄先生“实验性、示范性，

现实中，有很多孩子，因为大人的忙碌或者无意识，花费大量时间坐在电视机前，单一地使用视觉而忽略了其他感官。而和爸爸妈妈去公园，甚至只是住宅周围作一次短暂散步，孩子所获得的各种感官上的体验，远远多于花一个下午的时间坐在电视机前所得到的。

我们要告诉爸爸妈妈的是，早期教育，并不在于早早地教孩子学外语，也不是天天教他认字、做智力游戏。

3 岁前，你对孩子做的每一件事都是教育。

爸爸妈妈的陪伴和互动，对 3 岁前的孩子来说，就是绝好的学习机会。爸爸妈妈的亲力亲为和亲情陪伴是任何人都不能替代的。孩子是在和爸爸妈妈的亲密接触和频繁互动中，接受着各种生活和成长信息，包括感官知觉、情绪情感体验、语言习得、动作和社会性发展等等。用大白话来说，每一天的洗澡、穿衣、吃饭和玩耍等都渗透着丰富的教育因素。

所以，可以这样说，那些日常的、琐碎的、不起眼的吃喝拉撒都有着重要的教育意义。这就要求爸爸妈妈清楚地知道自己在做什么，并有意识地控制自己的言行。

我们该怎么做呢?

二、快乐积极地回应孩子。

心理学家说，孩子对环境的基本信任，是其心理成长的第一支柱。有了这种信任，不管今后他碰到什么困难，都会努力寻找积极的解决方法。他会认为，世界是美好的，生命是有价值的，而且充满快乐。

而这种基本信任的建立，正是来自爸爸妈妈对孩子做的每一件事。你充满爱意地搂抱孩子，用富有感情的动作照料孩子，其实也是与孩子进行情感的交流，给予他关于人和社会互动最初的经验。孩子的信任和自信就是在这样的接触中，逐渐萌芽，茁壮成长。得到爸爸妈妈快乐而积极回应的孩子，他对环境是信赖的，感觉到的是满足和安全。

一个人如果在年幼缺少对环境的基本信任，长大后可能很难再建立起信任和自信，他一辈子都可能生活在苦闷和孤单中。所以，从这个意义上来讲，快乐积极地回应孩子，正是爸爸妈妈在帮助孩子建立人生最初的信任，是对孩子实施的最初、也是最重要的早期人格教育。

三、用你的一言一行、一举一动“喂饱”孩子的大脑。

父母从事什么职业，拥有什么学历，并不是决定性因素，成为优秀的父母并非你想象的那样难。但是，你得牢记一点：孩子 3 岁前的生活环境至关重要，身边大人的所作所为都将对他的大脑发育起到至关重要的作用。

你完全有能力，有无数的机会帮助孩子。和孩子说话、玩耍、唱歌、念儿歌、触摸爱抚、喂他吃东西，你是在做着一件很重要的事情——“喂饱”孩子的大脑。给孩子提供各种各样的体验，让他的感觉器官得到充分的刺激。

就说手部运动技能的发展吧。如果你给孩子足够的时间和机会使用手，例如用手指摆弄物品，拿捏搓揉黏土、木栓塞入孔洞、扣扣子、拿铅笔划线、涂鸦、搭积木，剥蛋壳、剥橘子皮、自己洗手、自己拿勺吃饭等等，这些都是在锻炼和发展手部小肌肉群。这些手的动作，貌似不起眼，却是重要的操作体验，这样的操作体验越多，孩子的手部运动技能发展得就越快，大脑得到的刺激也越多。

四、给孩子足够的时间和你的耐心。

孩子探索新事物，并不希望别人马上提供意见和帮助，他需要有时间自己反复琢磨，不断探索。这不仅有利于培养他的能力、独立性和自信心，还能让他感受到爸爸妈妈的信任和善解人意。

做有心人，将生活中的平常事变得有趣起来。譬如穿衣，可边穿边念："左手举起来，右手举起来，小脑袋咕噜一钻，衣服穿起来。"这样做，你能让孩子体会穿衣的乐趣，学到穿衣的方法，初步建立左和右的概念，学到更多的语词……

开心才能开窍。每天喂饭、散步甚至大小便，你都大可和孩子快乐地做着这些琐事。这是一种快乐的互动，给孩子提供了良好的人际交往的经验。孩子良好的社会性成长，正是来自他的爸爸妈妈。

五、清晰和正确地跟孩子说话。

孩子语言学习的一个特点，是先吸收、再模仿。不需要特别的计划和方案，每天跟孩子说话，就是给他学说话提供了最好的帮助。和孩子在一起的时候，让孩子看清你嘴巴的动作，用简短的句子慢慢地和孩子说话。洗澡、穿衣、吃饭、散步等等都是机会，你可描述你们正在做的事情，"看，洗澡了""我们去看看窗外的星星"等。对眼前的事物进行具体描述，能让孩子在亲身感受中耳濡目染地学习语言。这样的语言榜样和刺激，爸爸妈妈都能做到。

孩子对人的声音反应最敏感。爸爸妈妈亲切欢快的语调能让孩子感受到温馨和放松。"洗洗小脖子，洗洗小小手"，用缓慢清晰的语词描述你的动作。

孩子会把你传递给他的语词信息储存在大脑里，同时感受着人际交往的快乐。

每天找一个安静的时间，放松心情，和孩子面对面地说一会儿话。孩子是模仿天才，你说话的口形，他会看在眼里，记在心里，这可是孩子语言学习的重要内容。

说了这么多，归纳起来就是一句话：跟孩子在一起的时候，要把你的心留住；你用心了，你对孩子做的每件事都是教育。

亲子互动方案

人可以记住所听到的10%，所看到的50%，而他所做过的则能记住90%。孩子“所做过的”意味着利用自己的感觉——听觉、视觉、味觉、嗅觉和触觉积极地探索周围的世界。

“同伴”的力量

周佳倩

“叮铃铃”，该起床了，可孩子几乎天天赖床不肯起。

有什么好方法叫醒孩子呢？天天大人哇啦哇啦、孩子哼哼唧唧，真叫人头痛。能把赖床孩子叫醒，大家都还开开心心，一定是个无敌超人吧？

我的观察和感悟

叫孩子起床是一个困难活儿，光有耐心是不够的，还要有策略。幼儿园也有不少的“起床困难户”，我们老师会用一些小妙招，如播放轻柔的音乐、拉开窗帘透点光，一对一地温柔唤他“该起床啦”。但是，慢慢的，我发现，这些都不如请已经起床的孩子去叫醒他管用。孩子睡眼惺忪，半睡半醒，只要看到别的小朋友穿戴整齐了，他一定会一骨碌地爬起来。

不过，这个小妙招用在独生子女家庭又是一个挑战。

场景建议

让玩偶当兄弟姐妹

没有兄弟姐妹，就让他的亲密朋友——玩偶娃娃来代替，也是个好办法。“你看，你的小树袋熊娃娃已经起来咯。”这时候，观察一下孩子的反应，继续模仿动画片的说话腔调：“树袋熊说了，他早饭都吃好了，你还没起床。”试试看，很管用哦。

用玩偶娃娃做小游戏

用玩偶的手摸摸孩子的鼻子：“醒来吧，鼻子！”摸摸耳朵：“嗯，耳朵已经醒了。”接着是胳膊和肚子，最后对他说：“耳朵、鼻子已经醒了，胳膊、肚子也想起床了，眼睛也该醒醒，睁开来了。”

自己叫醒自己

播放平日里录好的一段孩子自己的叫醒音频：“我是赵佳琪，太阳公公晒屁屁咯，赵佳琪，赵佳琪，你该起床啦！”用孩子自己的声音叫醒他自己，很好玩，孩子会很开心。

孩子醒来，爸妈可搂着他说：“早上好，我的小懒虫。”

关于叫醒，我有两个话题要说。

第一，孩子都是晚上不想睡，早上不肯起。

需要爸妈帮助孩子逐渐建立一个合适的睡眠模式。准时上床，准时起床。任何情况下都应尽力维持固定的上床和起床时间，以保持正常的睡眠，避免昼夜节律紊乱。

我们观察发现，孩子们的在家生活作息都有这样特点：父母睡得晚，孩子也晚，由此可能造成一系列的睡眠问题。所以，在给孩子制定睡眠规则前，爸妈自己首先要以身作则才行。最好孩子睡觉前，家里保持安静的睡眠前环境，帮助孩子安然入睡。

第二，重视同伴的力量。

相比亲子交往，同伴交往对孩子的要求更高，更能促进他的社会性发展。同伴交往为孩子的自我评价提供了对照标准，使孩子更好地认识自己，将为孩子形成积极的自我概念打下基础。

同伴交往中孩子的各种行为，会招致同伴的不同反应，而这些反应可以让孩子了解自己行为的结果，了解自己是否为他人所接受，从而进一步调整自己的行为。同伴交往，特别是同伴的情绪和言行反馈，对孩子自我调控能力的发展具有非常积极的意义。

休息天，和宝宝疯一疯

程莉莉

很多时候，爸爸总是忙忙碌碌。

很多时候，妈妈总是小心翼翼。

很多时候，孩子总是嚷嚷着："爸爸妈妈，我们一起玩好吗？"

休息天的早上，睡过了懒觉，爸爸不妨好好利用一下这难得放松的时刻，跟孩子在床上玩上15分钟，疯狂地玩，没大没小地玩。那种无拘无束的"疯玩"，对孩子来说，魅力无穷哦！

我的观察和感悟

有时候，我会在托儿所的大草坪上，看到某位爸爸很投入地和孩子一起玩。每一次我都能听到孩子发出快活无比、停不下来的笑声，每一次我都能真真切切地感受到那种来自爸爸特有的力量——豪爽、勇敢、有力量。

这种力量对我所看到的每一个孩子，不管男孩女孩，都有特别的吸引力、感染力，让孩子从心底感到快乐。

可惜的是，那样的场景并不多见。

所以，我要对妈妈说，爸爸在孩子教养中的分量有多重，很大程度在于妈妈的观念。妈妈认为爸爸很重要，爸爸参与育儿的“戏份”就多。

爸爸和孩子的亲情互动会让爸爸的力量越来越强。爸爸是孩子成长过程中不可或缺的榜样！绝对是！

要给爸爸广阔的发挥空间，他会是世上最疼爱孩子的好爸爸！

场景建议

毯子太空船

1. 爸爸两只手抓住毯子四个角，变出毯子太空船（这个很能让孩子惊喜哦），让孩子趴在毯子中间，“宝宝坐飞船啦”。爸爸把毯子忽举高，忽放低，模仿机器人搞笑的声音“飞船起飞了”“飞船降落了”。

2. 不妨来点刺激的，突然加速或减速，出其不意的变速会带来感官刺激，让孩子玩得更开心。

3. 游戏结束时，爸爸松开抓住毯子的一只手，另一只手向上提毛毯，让孩子翻滚到床上，“宝宝下飞船啦”。

毯子投投乐

1. 爸爸和孩子各自拿住毯子的两边，让毯子变成一个网兜，邀请妈妈当投手，扔玩具。

2. 妈妈以不同力度投掷，不断变换方向。

3. 爸爸和孩子协力兜住妈妈投过来的东西，同时提醒孩子“玩具向爸爸这边飞来啦”“向宝宝那边飞去啦”“快捉住它”等等，不断移动毯子接住玩具。

小提示：

不妨慢慢增加难度，如：要求所有的玩具都不能落到毯子外面、只接红色的玩具等。

毯子怪物

1. 爸爸和孩子钻进长长的大大的毯子里，问孩子：“我们变成什么？”然后模仿变身大怪物。

2. 怪物看不见，跌跌撞撞，在床上打滚爬行，哇哇怪叫；还可以边念儿歌边玩：

宝宝和爸爸，变成毛毛虫，扭呀扭呀扭；

宝宝和爸爸，变成大巨人，啊呜啊呜啊（手舞足蹈）；

宝宝和爸爸，变成一条龙，游来游去，龙要喷火啦（抖动毯子）。

爸爸和孩子的收获：

1. 游戏虽小，只要全情投入，一样能让亲子建立高质量的情感连接。

2. 零星时间，寻常物品，随意简单的动作，都能让孩子黏着爱着爸爸，关键是要爸爸能百分百地投入。

3. “疯”的过程能促进孩子身体的协调性、感觉统合能力的发展。

4. 疯玩时自发的语言不仅让宝宝乐此不疲，也是很好的语言学习机会哦。

孩子慢慢长大，他会不断发现：妈妈是一种人，和妈妈差不多的人是“阿姨”；爸爸是另一种人，和爸爸差不多的人是“叔叔”。妈妈是温柔的，经常抚摸自己，逗自己说话；爸爸是有力的，喜欢把自己举得高高的。

发现爸爸和妈妈的不同是孩子认识世界的第一步。

正是由于爸爸和妈妈如此的不同，爸爸在孩子发展的过程中也发挥着不可代替的作用，孩子也需要对父亲产生依恋。但是，与和妈妈的关系不同，孩子和爸爸之间的依恋关系往往是在游戏过程中建立起来的。爸爸和孩子一起游戏、一起从事一些动作幅度较大的活动，这些都会给孩子带来快乐和满足。这种积极的情绪体验，可以使孩子获得对世界、对社会和人的信心和自信，发展出对人的宽容和忍耐。

整理杂物，邂逅时间

程　丹

季节更替，辞旧迎新，整理打扫会列入爸妈的日程表。其实，整理是和“过去”相遇的好机会，老旧衣物、陈年照片，都是回忆的媒介。抚摸岁月的痕迹，感受时间的流淌，体会生命的美好，繁杂的家务变得温情满满。

我的观察和感悟

带了一届又一届的孩子，发现孩子都渴望长大，喜欢自己被称呼为“哥哥姐姐”。感受成长最好的方式是发现变化。孩子对环境的变化天生敏感，对生命的成长也很好奇。孩子们来幼儿园，会直奔动植物角，忙着观察那里的动植物。“小种子发芽啦”“小蝌蚪长腿了”，每一个细小发现，总能让他们兴奋不已。

帮助孩子对自己的变化保持敏感，是一种不可或缺的生命教育。

场景建议

一年一个样，和孩子一起体验生命的变化。拿出孩子小时候的衣帽鞋子，比一比、看一看，“看，这是你 1 岁时穿的衣服，现在只能比到你肚子上”“这是你去年的鞋子，比比看，是不是太小了”。

整理孩子的绘画作品（包括孩子的旧玩具和其他物品），让孩子评价一下小时候的作品，再看看现在的画作，“过一年再来看现在的图画，你又会有新的感觉了”。这能让长大的感觉变得具体。

惊奇大发现，爸爸妈妈也在变化。3岁前后，孩子多半还没有意识到爸妈也有“小时候”的。爸妈整理自己的物品，可以和孩子聊一聊自己的变化。“这是爸妈的结婚照，你看爸爸和现在有什么不一样吗？”让孩子看爸妈以前的照片，他会特别兴奋好奇。把照片放在爸妈的脸旁，让孩子看一看、比一比；也可以拿出孩子的照片和爸妈小时候的照片比较一下，看看孩子会说些什么。

孩子和爸妈的收获：

1. 旧衣物、老照片，让看不见摸不着的“时间”变得具体形象了，能让孩子真实具体地感知时间的存在。

2. 比一比、说一说。经常这么做——孩子善于观察和比较的种子就种下了。

3. 和孩子一起回忆。拥有共同的记忆越多，你和孩子的关系越亲密，它将伴随你和孩子一辈子。

园长的话

“一寸光阴一寸金，寸金难买寸光阴”，每到年终总结，我们常常会恍然感悟到时间的匆匆流逝。对3岁左右的孩子，与其费力地讲时间的价值、生命的意义，不如带他多多感受时间的具体存在：除了钟表、计时器里显示的数字，更实在的倒是孩子身边摸得着、看得见的变化——白天黑夜，自然界的春夏秋冬，新衣服变旧，奶奶皱纹变多了，小狗变大狗了等等……

认识时间，感知变化，是最初的生命教育。

当今家长都重视早期教育，我觉得，真要让孩子成长为一个优秀的人，爸妈第一要做的，就是让他从小就懂得：凡是生命，哪怕是那些似乎微不足道的生命，一朵小花，一只小鸟，都有权活得理直气壮，都应该受到我们的尊重。

珍惜生命，就是珍惜我们自己。

睡前悄悄话

胡　芳

睡前10分钟常常是孩子最黏人的时间，其实换个思路想想，处理好了，它也是亲子间最美好的时间。爸妈再忙，10分钟的时间也是有的，孩子黏着大人不愿独自进被窝，不如和孩子相拥在一起，聊聊天、说说心里话。

我的观察和感悟

悄悄话有一种神奇的魔力，每次我蹲下来搂着孩子说上几句，哇哇大哭的孩子会停止哭泣，捣蛋的“皮猴子”立马成了老师的小帮手。孩子们之间也常常会说悄悄话，我不知道他们说了什么，但我能看到他们心照不宣的笑容。

场景建议

聊聊孩子在幼儿园的事情。“今天宝宝在幼儿园，中午吃了什么好吃的呀？”“你最喜欢你们班哪个小朋友啊？为什么呢？”“今天老师讲了什么故事，宝宝可以给妈妈讲一讲吗？”你会发现在孩子的视角里，很多事情和你想的完全不同，这是一个全新的世界，是孩子的世界。

聊聊孩子眼中的爸妈，交换小秘密。悄悄告诉孩子自己小时候也曾经偷吃、尿床，并约定“你要保守秘密哦”。鼓励他们说说爸爸妈妈平时说的话、做的事，哪些是他喜欢的，哪些是他不喜欢的，了解孩子心中的自己。如果和孩子有了点小小的不愉快，可以利用悄悄话时间，真诚地和孩子说明：“那天妈妈凶你，是因为你做了调皮的事情，妈妈一直是爱你的。”孩子也爱听甜蜜的情话，你的爱要说出来：“你是妈妈的小天使，妈妈很高兴这样和你聊天。”

像朋友一样交换感受和想法。像对待大人一样，跟孩子说一说自己无伤大雅的小烦恼，自己后悔曾经做过什么，喜欢什么，让孩子感受

到向亲近的人敞开心扉、诉说内心，是一件正常、美好的事情。你仿佛在告诉孩子："嘿，我把心事告诉你，我信任你，也许你可以帮我出出主意。"让孩子感受到被尊重、被需要和被依赖，这是一种全新的体验，这不仅能拉近你们之间的关系，还能让孩子产生责任感。不过，要注意尺度，属于大人的、孩子不能理解的事情不在此列。

孩子和爸妈的收获：

悄悄话，是维持亲密感情的好方法。每天睡前和孩子说 10 分钟的悄悄话，你会发现：

1. 孩子更加期待和享受与你单独在一起的时光，你们的亲子关系更密切了。

2. 孩子变得细心了，开始关注他人，尤其是你了。

3. 你也变得更细腻柔软，善于倾听了。

园长的话

人都渴望有一个能安静倾听的对象。说悄悄话，是建立亲密关系的第一步，意味着彼此信赖。孩子进入幼儿园，有了很多家庭以外的经历，这些经历和他的内心所思所想是需要诉说、需要被倾听的。

成年人睡前躺在床上，通常会将一天的各种事情、各种情绪在脑海中过一过，孩子也是一样。一天下来，他也可能积攒了各种感觉和情绪（心理学一般认为情绪记忆比较深刻），开心的、沮丧的、愤怒的……需要分享，需要宣泄。爸妈仔细倾听，耐心开导，让孩子慢慢学会表达情绪，诉说内心的感受和想法，这是在培养孩子可受用一生的情绪管理能力。

这种亲密互动，是亲子间独有的，是一种高质量的交流，不可或缺。

逛街的收获

方　玥

出门逛街去喽！

我们常逛街，这是现代小家庭最常见的休闲方式——带上孩子，吃吃喝喝，东张西望。其实，小年龄的孩子对逛街购物兴趣并不大，只是他们没得选择。

如果爸妈花一点点心思，转换一下思路，我们带孩子逛街也能逛出教育的意义来。出门前的准备、乘坐交通工具、在大街小巷步行、路遇形形色色的人等，这里蕴藏着很多亲子互动的机会和早期教育的内容。

我的观察和感悟

生活即教育，特别是 3 岁前孩子，他们的学习就是渗透在一日生活中的。从入园晨检、晨间游戏到户外运动、集体活动，再到盥洗活动、吃饭午睡等等，幼儿园的每个环节都渗透着很多教育细节，譬如自我服务、自我控制、动手能力、身体的协调能力、跟同伴的合作等等。如果把这些观念延伸到孩子的家庭生活中，家长就会发现，生活处处是早教。

场景建议

出门前，和孩子约定出发的时间（学习约定和守时）。告诉孩子时钟指向哪一个位置，就是出发的时候，譬如“长针指到 6，我们就出发，还有 5 分钟，你要等一下”“大约要在晚上 6 点半回来”等等，让孩子亲身感受时间的长短、体验时间的变化。时间概念就是这样慢慢建立起来的。

探秘马路。出门上街，故意选择跟平时不一样的各种路面，让孩子多踩踩，感受平坦光滑、凹凸毛糙的不同。那些缓缓的坡道、凹凸不平的盲道、上下台阶等等，放手让孩子自己走走，这时候孩子要做出一系列的跑跳动作来控制身体、保持平衡，不知不觉训练了身体的协调性与稳定性。爸妈别忘了说“平平的”“光滑的”“毛毛糙糙的”“高高低低的”等等，这样也能丰富孩子的词汇。

边看边说边想。路上行驶着各种各样的汽车，说说它们的颜色——黑车、白车、红车；大的公共汽车和小的轿车；根据功能分类，有客车、洒水车、救护车、警车等。不需要专门去课堂，这样的闲谈，加上孩子亲耳听、亲眼看，他慢慢就能理解和掌握类属概念。

数数、看招贴，认识各种商店，学习观察事物和大自然的细节。逛街少不了用眼睛张望观察，爸妈若能有意识地启发引导，宝宝的观察范围和内容都能得到很大的提升，对四季变化的理解可以很具体。譬如，行人穿裙子还是厚大衣，小摊上卖的是冰激凌还是炒栗子，树叶是黄的还是

绿的，孩子自己身体感受到的是冷还是热等等。这样的亲身感受、直接观察，远比上课生动得多，孩子也更容易理解。

学做社交达人。在公共场合，孩子会遇到不同的人，鼓励孩子跟人互动、打招呼，跟小朋友一起玩，增加人际交往的机会，锻炼与人交流的能力。跟友善的陌生人挥手说再见，向服务员、营业员表示感谢等，这些都能让孩子身临其境地学习与人交往，体会人际交往的快乐。购物结账，排队等待，孩子可以学习轮流等待，遵守秩序；在安静的场合，学习小声说话，不大声喊叫；乘扶梯时，学习左行右立，这些都是很自然的社会行为规范训练。

园长的话

什么是好的早期教育？是翻看经典的书籍寻求帮助？还是出钱去早期教育机构上课？

其实，对3岁前的孩子来说，生活与教育的界限没那么明显。只要爸爸妈妈用心了，从琐碎的日常生活，到出门逛街旅行，都蕴含着早期教育的契机。譬如，孩子的家庭生活中处处都有分类这个概念，除了前面提到的逛街时用颜色和功能对汽车进行分类，还可以在逛超市时用颜色、形状或气味对蔬菜水果进行分类。

这些生活小事经过爸妈的引导和组织都可以成为快乐的游戏、有趣的学习。在玩耍中学习，在游戏中学习，这是孩子最好的学习方式。

早期教育，其实很简单。而爸爸妈妈，就是孩子最好的早教老师。

散步时的甜蜜时光

孟　洁

饭后带着孩子散步应该是爸妈都很熟悉的生活内容，与大自然亲近，帮助消化、有益健康，还能陪伴孩子放松休闲，一举三得。

我的观察和感悟

我是幼儿园老师，也是一个 5 岁孩子的妈妈。周末午餐过后，我喜欢带着我的女儿去小区绿地转一转，享受阳光和新鲜空气，走上 30 分钟或 1 小时，女儿的午睡会睡得特别好。孩子不断长大，散步的方式也随之变化，从坐婴儿车、牵手走、撒腿跑再到踩滑板车，直至骑四轮车到处转悠。孩子在熟悉的小区里，每到一处，都能找到自己的方式玩耍，在斜坡上滑草助跑，池塘边与小花嬉戏，大树下与叶影共舞。和女儿散步，成了我一件非常幸福快乐的事。

场景建议

说——散步时由衷地赞美：这里真漂亮，花园里的花都开了，空气好新鲜，今天的天气真舒服，白云（晚霞）好美丽，阳光洒在身上暖暖的。

看——引导孩子观察：树叶的颜色，小草的颜色，花有没有开，流浪猫在花园哪个角落吃饭？垃圾桶有几种颜色？那位奶奶为什么走路慢慢的？

玩——散步时来一场竞赛游戏：快步走、跑步、跳格子等等。

体验——找一个合适的机会，来一个夜间漫步，找一个僻静处，关掉手电，让眼睛适应黑暗，不说话，让耳朵变得敏感，“我们一起听听虫鸣鸟叫”“看看星星和月亮”，感受黑夜的神秘。

寻找变化、认识变化——不能忽略的教育。

成长是一种变化。变化是生活中再正常不过的事，因为细小寻常而可能被忽略，但其实很可能是激动人心的，甚至是冒险和挑战：

屋子里乱糟糟的，爸妈和孩子一起把杂物玩具一一收拾归位，整齐了，干净了，屋子发生了变化；

深秋的早晨，推开窗户看看，一夜间，秋风吹落了秋叶，树枝光秃秃，地上铺满枯叶，季节发生了变化；

在花盆里和孩子一起播下种子，慢慢的，种子变成绿芽从泥土里钻了出来，生命在变化；

会自己刷牙、吃饭、穿衣系鞋带，孩子学会新的本领，变能干了；

长出新牙，孩子长大了；奶奶掉牙了，奶奶变老了；

爸爸长出胡子，变邋遢，得剃胡子了；妈妈戴上丝巾变漂亮了。

这些统统是变化。

变化是陪伴孩子成长的朋友。爸妈应该帮助孩子尽早去结交这个使人聪明的朋友。假如你的孩子对“这个朋友”充满好奇和敏感，他就会兴致勃勃地去探索世界，满腔热情地去了解周围的环境。

晾衣服这件小事

胡　芳

休息天，睡到太阳晒屁股，心情大好，干劲十足。给床单被套、睡衣睡裤、毛毯毛垫洗洗澡、晒晒太阳吧。给妈妈当个小助手，孩子一定跃跃欲试。

我的观察和感悟

幼儿园的“娃娃家”是孩子们大展身手的好地方，他们在“娃娃家”里能专心致志地玩很久。他们手脚并用地把床单毛毯、衣服袜子一股脑儿往洗衣机里塞，再拿出来像模像样地晾晒，嘴里嘀咕：“洗衣机没有手洗干净哦。”孩子们沉迷于大人的各种角色，抓住一切机会再现爸妈做过的事。那小大人一本正经的样子，真让人喜爱。

场景建议

抬一抬

洗好的衣服可真多，一起抬到阳台上，“嘿咻嘿咻，我们都是大力士！”

抖一抖

舞动手臂，抖抖扯扯，床单变平整啦，“宝宝好能干哦。”

递一递

妈妈拿衣服，孩子递衣架，学习协作有效地做家务，“有宝宝帮忙真好，妈妈轻松多了。”

夹一夹

请孩子取了夹子来夹衣物，“这里一个、那里一个。”“宝宝来找两只一样的袜子。”

孩子和爸妈的收获：

1. 分担家务，能帮到爸妈，孩子会获得足够的参与感和成就感。这个年龄的孩子，已经具有“我是大人了”的心理要求了，这也是一种特别好的感觉。

2. 晾衣服的各种动作能让大臂肌肉充分运动，手指等小肌肉的精细动作也能得到充分锻炼。

3. 你们的对话，丰富了孩子的生活用语和生活常识，如衬衫抚平、袜子配对、各种衣服质感（毛茸茸的、滑溜溜的、硬硬的、软软的等）。

4. 爸妈会感到，你的宝贝越来越能干、越来越贴心啦！

2～3岁的孩子正处于独立自主意识迅速发展的时期，他们渴望长大、渴望像爸爸妈妈一样“无所不能”。你会发现，他们还特别渴望自己能做决定，常常用“我要”或者“我不要”来表示自我。他们动不动拒绝喂饭、丢开小勺抢筷子、爱穿妈妈的高跟鞋等等，这些都是因为孩子一心一意想融入大人的世界。

请孩子当小助手意味着爸妈对孩子的理解、尊重和包容。孩子做家务难免笨手笨脚，甚至是帮倒忙。但是，孩子的成长需要这样的“添乱”。

晾衣服事小，给孩子机会事大。

超市欢乐购

周佳倩

采购，是家庭必不可少的家务，爸妈带着孩子去超市购物也是一种常态。这个时候，我们如果能做一个有心人，让孩子也参与进来，它也能转换成难得的亲子时光。

我的观察和感悟

在托儿所，孩子们最喜欢的游戏就是打扮成大人的模样，模仿爸爸妈妈的行为。男孩会背着爸爸的大皮包，一本正经地嚷嚷“我上班去啦”，女孩喜欢围上围裙模仿妈妈手忙脚乱地炒菜，还学妈妈的样子招呼客人。

我以为，孩子热衷模仿大人的样子，一方面是因为他们渴望长大，更多的也许是他们喜欢反复体验自己和爸爸妈妈在一起的快乐。

场景建议

购物准备，增强孩子的参与感

1. 与孩子聊一聊去超市打算买什么，打开冰箱看看，缺了什么，让孩子感受、了解家庭生活的细节。

2. 给孩子一个约定、一个任务，譬如，孩子熟悉的水果、蔬菜、酸奶等："你帮妈妈记一件事，记得提醒我，好吗？"

3. 给孩子准备一个小篮子或收纳袋，他可以放入自己需要的物品或者由他负责采购的物品。

购物中，发挥孩子的主动性

1. 说说认认。选购商品的时候，与孩子一起看看、摸摸、说说，"看，红红的西红柿，黄色的香蕉""这是刷子，摸一摸，有点扎手""这个是酸奶、这个是牛奶，它们不一样哦"。

2. 看看找找。选购商品时，可请孩子帮忙找寻，超市有丰富的环境：走道分类、货架分类、货格分类，孩子身在其中，慢慢认识各种物品，辨认不同的类别。

3. 等等学学。结账要排队，不

要急，这是孩子学习等待的好机会，可以和孩子聊聊排队的社会规则，说说收银员工作的流程等等。

超市解闷小游戏

边走边玩“走走停停”的小游戏。妈妈在前走，孩子跟后面，妈妈转身回头，孩子停住；妈妈不断变换走的速度。

推车时可以玩“开汽车”游戏。“准备出发啦，小乘客手拉好，身体坐稳”“出发去水果区，加速了”“倒车请注意，倒车请注意”。

购物回家，提升孩子的家庭责任感

整理买回来的物品，一一分类，分别收藏，也是孩子学习分类认识物品的好机会。把物品一一摆放到相应的地方——冰箱的冷藏柜、零食盒、厨房、洗菜池、鞋架……以后需要时，不管大人是真的忘记还是故意忘记，都可以让孩子帮忙找找，“上次宝宝帮忙收的，你都记着啊！”“幸亏宝宝替妈妈收好了，不然今天烧肉就没有这好吃的烤肉酱了！”

超市不光商品繁多，去超市购物也蕴含着众多的生活技能——计划制定、出行规划、识别标示、分类标准、购物礼仪、排队等候、结账规则等，一一向孩子展现着日常生活中方方面面的常识！

孩子非常珍惜和爸妈在一起的时间。有共同的记忆，才有共同的情感。一起购物，一起做家务，都是爸妈和孩子相互陪伴的美好时刻。亲子陪伴，不仅是爸妈陪伴孩子，也可以是孩子陪伴爸妈。是令人烦恼的家务，还是美好时光，就在你的一念之间。

玩水，快乐多多

方　玥

水是孩子的好玩具。夏天玩水，能消暑，玩起来又变化无穷。海边和游泳池是孩子扑腾嬉戏的好去处，自己家的浴室和阳台，也能让孩子玩个痛快。孩子在开心的玩耍中，消耗了体力，满足了心理，活动了身体，刺激了大脑。

不妨脱去正装，穿上背心和短裤，放下大人的身段，和孩子一起轻松自在地玩水！玩完了，你或许会从心底感谢这炎热的夏天，是它给了我们和孩子一起玩乐的机会！

我的观察和感悟

孩子进入幼儿园最先玩的游戏便与水有关。9 月初，暑热未消，孩子们进入陌生的幼儿园，难免有些燥热和紧张。于是，召集老师们设计了一些亲子入园游戏，“帮娃娃洗澡”“为小树浇水”“打水仗”便成了一届届孩子们最喜爱的游戏，经久不衰。在清凉的玩水游戏中，入园焦虑也会缓解不少。

场景建议

开小船（1 ~ 3 岁）

过了周岁，孩子的小洗澡盆就用不上了，把它改作玩具“船”，孩子一定喜欢！

1. 浴缸里铺一块防滑垫，放上浅浅的约 20 厘米的水，放入“小船”。“宝宝，你的小船要开到哪里去，是大海，还是小河呀？”

2. “哗啦啦，哗啦啦，宝宝划船啦！”诱导孩子用手划水、打水、玩水。

3. 在盆里放一些孩子喜欢的玩具。“小船里的乘客还有谁？小娃娃和小熊猫呀！宝宝要送它们到哪里去？”这样玩，特别能启发孩子开口说话。

4. “看，小鸭子自己会浮起来的，小鸭子游泳了。小熊猫不会游泳。”

好厉害的水枪（2 ~ 3 岁）

材料：卷筒卫生纸、透明胶带、图画纸、彩色笔、细绳、空塑料饮料瓶 1 ~ 2 只。

1. 用彩色笔在图画纸上画几只孩子喜欢的小动物，剪下待用。

2. 把卫生纸一张张撕下，叠成长条，把小动物图形用胶带粘贴在卫生纸上；再用胶带粘在细绳上挂起来，也可以直接贴在浴室瓷砖墙上，这是靶。

3. 瓶盖上用烧热的针戳 1 ～ 2 个小孔，瓶里灌水，盖紧盖子，这就是水枪啦！

玩法：

双手挤捏瓶子，让水喷射出来，卫生纸遇水就会断裂，小动物就被水枪打下来了，看谁喷得又快又准。

对大一些的孩子，家长可以和他一起打一场水仗！打水仗不光好玩，还能训练孩子的手眼协调。

小提示：尽可能让孩子一起动手，像粘贴、灌水之类。

喷水画（2 ～ 3 岁）

制作：喷画笔同上述水枪的制作，但瓶盖上只能戳 1 个小孔 。

玩法：用手挤捏喷画笔（饮料瓶），将水喷洒在水泥空地上，“喷画”出自己喜欢的各种图形。喷水作画，想象自由，挥“笔”自如。

小提示：傍晚，在屋前门口和阳台上喷水作画，洒水消暑，还做了件好事呢！

看似简单的玩水游戏，意义却很多。在一个丰富的语言环境里，孩子接触和学习了很多新鲜词语。用手拍打，水花四溅，划水起波纹，玩具在水里会沉浮，孩子初步认识水的基本特性和“沉浮”的概念。越简单的玩具和游戏越能发展孩子的想象力。

而我们更看重的是，大人孩子一起玩，一起享受愉悦的亲子活动氛围，这对孩子发展良好的情绪、养成喜欢与人交往的性情非常重要。

橘子好吃又好玩

程　丹

孩子："妈，我想吃橘子。"

妈妈："好，妈妈给你剥。"

这一幕几乎每个家庭都曾经上演。很可惜，这里错过了一段本来可以很有意义的亲子时间。不急着剥皮让孩子吃橘子，先来一场"橘子游戏"试试？

我的观察和感悟

我们都以为学数学就是计算、数数，其实日常生活中包含了很多数学概念。在幼儿园，孩子们的小水杯是按照片或学号一一对应摆放的；玩具的摆放会按大小、颜色分类陈列；出教室去大草坪，是按照学号顺序排成一列"小火车"……这些其实就是数学的概念。在这样的环境里，慢慢的，孩子们看见水杯架里的小杯子不在，就知道今天这个小朋友没有来：杯子和这个小朋友一一对应；游戏结束，把玩具整理好"玩具送回家，摆好"，这就是在学习分类和序；"像小火车一样，找到自己的位置站好"，帮助孩子建立数序概念，第一、第二和第三……

数学就在孩子身边，就看我们能不能找到这"身边的数学"。

场景建议

搓搓

双手搓一搓橘子，或把橘子放在桌上，一只手搓着玩；让橘子在方桌（圆桌、长桌）上滚一滚，“圆圆的橘子滚过来，宝宝接住”“圆圆的橘子在方形的桌子上滚一滚”，启发孩子观察桌子周边杯子、盘子等物品的形状。手摸橘子、鼻子闻橘子的香味、眼睛看着橘子的颜色，孩子的感知觉得到了锻炼。

剥剥

鼓励孩子自己剥橘子，锻炼手部精细动作；剥开看看，橘子是一瓣一瓣组成一个圆；给橘子横着切一刀，看看橘子的内部结构。

数数

把橘子瓤一瓣一瓣剥下来数数，年龄稍大的孩子可试着两个两个数“2、4、6”。增加难度，数一数完整的橘子有多少瓣。分橘子，“你一个，我一个”“你一半，我一半”。数错、数颠倒都没关系，关键是让孩子知道东西是可以数的。年龄稍大的孩子，可变换顺序数，体验“不管怎么数，同一个橘子里橘子瓣的数量是不变的”。

橘子皮拼贴画

大的橘子皮用刀切成三角形、方形，或撕成圆形、椭圆形，让孩子认一认；用橘子皮拼小房子、小熊、小狗、小猫，孩子想拼什么就拼什么。

孩子的收获：

知道东西是可以数的；图形是由不同形状组成的；“圆圆的”“三角形”“双手”“两只手”“一只手”“八瓣橘子”，数学语言慢慢丰富起来了。

园长的话

一直记得一个背乘法表急哭的小女孩，我真希望这样的情景越少越好。3岁左右的孩子能数到10，哪怕是100，并不能说明他具备了数的概念。他们只是机械地记住了一连串的数字。所以，我们要强调的是，小年龄的孩子学数学，关键是知道东西是可以数的。

不必纠结那些复杂的数学概念，倒是可带领孩子多多发现生活中的数学元素：倒计时的红绿灯、马路两边的树、街道上的门牌号……爸妈要做的是启发孩子注意和感受生活中的数学现象，培养他们对数学的敏感度，让孩子体验到数学的有用和有趣。

面粉也是好玩具

张梦媛

和面剁馅，全家团聚，其乐融融地做一件事——让孩子带着好奇和兴趣参与这样的家庭团聚。这不仅能发展孩子的创造力和动手能力，更能享受“在一起”的美好和温暖。

我的观察和感悟

小时候看妈妈揉面，老想伸手戳一戳那软绵绵的面团，伸出去的手老要挨妈妈的打。现在的孩子喜欢去美工教室，橡皮泥特别受孩子们的喜爱。五颜六色的橡皮泥到了孩子的手中，搓搓揉揉、拍拍打打，一朵朵花、一只只小动物和各种动画形象就出来了。真的很神奇，孩子是天生的艺术家，此话不假。

场景建议

摸一摸

启发孩子用手将面粉聚拢散开，感受面粉的细腻；启发孩子用手指在面粉堆里轻轻划动、触摸，观察面粉上的各种线条和痕迹。

搅一搅

加水，搅拌揉搓，观察面粉形态的变化；仔细体会一下小手被黏糊糊面粉粘连的感觉，对照面粉前后的干湿变化。

捏一捏

面粉遇到水能揉成团，我们大人司空见惯。但孩子就不一样了，看到白色粉末状的面粉竟然变成了一团面团，会觉得特别神奇。爸妈可以给他

们一个机会试试，让孩子自己用手捏一捏，压一压，搓一搓，拍一拍，“看看面粉会变成什么样子？”

自制橡皮泥

往面粉中加入可食用色素，揉成软硬适中的面团，就成了橡皮泥了。鼓励孩子发挥自己的想象力，揉搓出各种造型。能成啥模样并不重要，关键是在玩的过程中，孩子能运用到多种感官，促进了小肌肉的发展，发挥了想象力和创造力。

和孩子、和家人，要尽可能多地聚在一起。除了一起下厨、打扫，对忙碌的爸妈来说，我最推荐的方法是“确保孩子睡前至少30分钟全家人聚在一起”。

家人聚在一起的时间，未必要大人刻意陪孩子，或者替孩子做什么。有时候全家人聚在一起，也可以各做各的事，爸爸看他的书，妈妈在沙发上整理衣物，孩子在地板上玩游戏等等。不要小看这样平淡不起眼的状态，它是一种温馨、平和、亲密的状态，对孩子的情感和心理发展是非常有益的。

家人聚在一起为什么如此重要？

因为彼此能意识到彼此的重要，互相照顾，相互关心，相互给予精神慰藉。一个笑的默契，一个鼓励的眼神，孩子都看在眼里，记在心里，那是他一辈子“压心底”的精神财产。

宝宝进厨房

胡　芳

为什么要让孩子进厨房？很多爸妈一定会说，“宝宝上才艺班，学英语、学数学、认字读书都来不及，上厨房帮厨算个啥？”“我希望他学小提琴和钢琴，我才不愿意自己的孩子今后当什么厨师。”

孩子进厨房，事关一生，是很重要的学习。

我的观察和感悟

孩子好像天生对做饭、摆弄厨具充满兴趣，女孩子更不用说了。在“娃娃家”里，厨房永远是最热闹的地方，孩子们争着当妈妈，抢着为大家烹饪食物。客人的一句“好吃”，就是最好的回应。也有为数不多的“爸爸”，热情负责地为客人倒咖啡、添碗筷。让孩子进厨房，真刀真枪地操练一番，也未尝不可。

不管孩子在哪儿玩、玩什么、怎么玩，关键在于大人怎么引导。

场景建议

厨艺小帮手

择菜、打蛋、剥豆子、洗萝卜、加调料，这些都是孩子跃跃欲试的事。“宝贝，你来加点盐，加一小勺就好了”，试试看，你家宝宝一定欢天喜地。

试吃美食家

做好一道菜就请他尝一尝。“宝贝，帮妈妈尝一下，这个汤咸味够不够”“幸亏你尝了，要不然我都不知道排骨不够酥。”

在厨房留个单独的抽屉

把孩子的厨房玩具和归他所有的厨房用具放进去。妈妈忙厨房家务时，孩子可以摆弄他的厨具，模仿妈妈做菜，“炒一炒，加点盐，颠一颠”等等。这对单独带孩子的大人特别合适，你忙，孩子在你的眼皮下忙，各得其所，安全又快乐。

一起收拾厨房，给垃圾分类

“用过的餐巾纸是什么垃圾？”“帮妈妈想想，鱼刺该放到哪个垃圾桶呢？”

园长的话

重知识学习，轻动手操作；片面追求成功，忽略生活品质，这也许是我们教育中的短项造成的。

我以为，孩子进厨房的意义在于参与厨房劳作，最后端出饭菜跟家人一起享用，整个过程能让孩子具体而直接地体会到付出的自豪和分享的快乐。

获得满足、被爱是幸福；爱他人、让他人得到满足也是一种别样的享受。宝宝进厨房更能让他具体而确实地感受到作为家庭成员的归属感，这能让孩子收获安全感和责任感。

此外，宝宝进厨房还能——

1. 满足和培养他对味觉的敏感度。

2. 学习对多种材料进行组合和搭配，以达到某种效果。

3. 启发他关注事物的变化及其变化的过程。

4. 直观地引导他理解、掌握度量数量概念。

这些对孩子今后的一生都有十分重要的意义。

雨中乐

孙晓鸣

下雨了，湿嗒嗒的，让人心情有点差。但对孩子，下雨是一件很有趣的事。不要急着逃进屋，陪着孩子来一个“雨中乐”，享受一段被雨“撮合”的亲子时光。送孩子上学或放学回家路上都是好机会哦！

我的观察和感悟

有一次聊天，带教导师董老师很动情地对我说，她当年来面试，一看见校园中央被大树环绕的大绿地，马上就爱上了这个幼儿园。我想，大人有这样的感受，孩子一定也是一样的。生活在城市里的孩子，他们更需要亲近大自然。

跟孩子接触越多，我越能感受到他们在自然环境中的怡然自得。孩子小，不一定能诉说自己的内心感受，但是，托儿所的活动游戏中，只要让孩子们与“水”“沙”和“树叶”等自然物接触，只要能去大草坪奔跑撒欢，他们就会特别开心，特别起劲。

我想告诉爸爸妈妈：请陪同孩子多多接触大自然，请努力抓住每一次与大自然的接触机会。

场景建议

聊雨具

出门前，和孩子聊一聊雨具。“雨衣和雨鞋有大本领，能把小雨滴挡在外面，不让宝宝淋雨。”选择透明的雨伞，不影响观察周围环境的视线，也方便你和孩子的面对面交流。

接雨滴

漫步雨中，伸出手来感受一下雨滴在手里的感觉，“小雨滴在和我们拍拍手哦”“我接到了好多小雨滴，它们融到一起变成水啦”等等……

转雨伞

一起转动雨伞，让小雨滴飞起来，让孩子的好心情也飞扬起来：

小雨伞，真淘气，
爱和雨滴玩游戏。
转一转，滚一滚，
淅沥沥，哗啦啦。

踩水洼

孩子都爱踩水洼，今天就踩个够，最好你也跟他一起踩。踩一踩、停一停，让孩子观察一下小水洼，看看小雨滴落到水洼时形成的涟漪，听听踩水的声音，感受水花飞溅的畅快。

孩子的收获：

1. 雨点滴在手里是凉凉的，溜过手心是软软的，收获特殊的触感。

2. 大雨点掉在雨伞上噼里啪啦的，打在树叶上是沙沙沙的，用耳朵辨听，用嘴巴说一说。

3. 转动雨伞，看看水滴飞转的物理现象，了解科学。

园长的话

我挺欣赏孙老师的想法，做一次出格的事情没什么大不了的！培养孩子的自主性，发展孩子的创造力，时不时的，不妨来几下“出格”。

雨中跑一跑，泥里玩一玩，沾一身泥巴，就算划出几道血痕，也不是什么了不起的大事，孩子很需要这样的体验和玩耍。精细养育、过度保护，对孩子感知觉的学习和发展其实是一种剥夺。千万不要因为会弄脏身体和衣服而怕麻烦哦！

爸妈是孩子最好的玩伴。哪天你也忘情地玩，像小狗一样撒欢，对孩子来说，会无比开心，更可能记上一辈子。

小小清洁工

蔡璟烨

每家都少不了清洁打扫，如果爸爸妈妈有心有意，尽可能让孩子也参与其中，那么不仅你多了名小帮手，孩子也多了不少的感受——原来家人一起做家务是这么快乐的事啊！

我的观察和感悟

每次保育员老师打扫教室或者分发点心牛奶的时候，很多孩子也跃跃欲试想帮忙。要知道，帮助老师为全体小朋友服务那可是至高无上的“荣誉”，孩子们都是争先恐后地要当值日生呢。

场景建议

有一套孩子专用的小工具

给孩子准备一套归他专用的清洁工具：小扫把、小簸箕、小刷子。给孩子指定一个由他负责清洁打扫的区域或者物件。

“小扫帚，手中拿，扫地除灰，干净利落，我是家里的小清洁工！”

“洗刷刷，洗刷刷。小桌子，干净了！洗刷刷，洗刷刷。小椅子，干净了！洗刷刷，洗刷刷。小柜子，干净了！”

给玩具洗个澡！

水盆装上清水，放入孩子常玩的玩具，塑料娃娃、积木、小碗碟等等，一起来给玩具洗个澡吧。

“小玩具，洗个澡；浴盆里，泡一泡；左擦擦，右擦擦；水冲冲，布擦擦，干干净净陪我玩！”

孩子的收获：

1. 边玩边参与家务劳动，能让孩子慢慢体会——自己是家庭的一分子，每个家庭成员都要为家庭出力，自己能帮助家人，爸爸妈妈会开心，自己会更开心。一个人的责任心、荣誉感就是这样慢慢培养起来的。

2. 擦擦、扫扫、洗洗的动作，强化了孩子的手眼协调，大肌肉动作、精细动作、空间秩序感也得到了很好的锻炼。

3. 爱劳动，爱整洁，爱护物件，都是好习惯，能让孩子受用一辈子。

园长的话

对3岁前的孩子来说，自理和参与家务，重要的是在培养孩子“自己的事情自己负责”的意识。

自理和做家务并不难，难的是坚持。“你不做了，全家受影响”，这个概念需要从小养成。分配给孩子的事情，要督促他切实完成。这些不起眼的小事，都是培养孩子责任感和进取心的好办法。鼓励孩子持之以恒地完成“自己的事情”，等于在培养他的耐心和毅力，以后对待学业和工作也能努力不懈。

冰箱上的美好记忆

周佳倩

冰箱装着宝宝爱吃的牛奶、冰激凌、饮料，还有家里各种各样的食物，蔬菜瓜果鱼肉，像个“百宝箱”。爸妈花点小心思，冰箱也可以作为亲子互动的好工具哦。

我的观察和感悟

每个班级都会布置一个照片墙，贴满了孩子们的家庭合影、旅行照或是孩子们小时候的照片。墙上热闹，墙前也热闹，孩子们都爱围着看。看看自家的爸妈，点点说说小朋友的爸妈。有时候，某个孩子受了委屈哭闹时，老师会把他带到照片墙前，找到自己的爸爸妈妈，鼻涕眼泪也收住了。这面照片墙不仅能缓解孩子们的分离焦虑，还是帮助他们建立友情的好帮手，家里的冰箱展示空间大，也可作“照片墙”。

场景建议

照片展示

选择一些有意思的照片，贴在冰箱上作为“爱的回忆”“旅行记录”等等，定期更换，常和孩子一起看一看、说一说。

作品展示

开完摄影展，再开个作品展，将孩子的各种手作、画作贴在冰箱上展示出来，孩子享受到成就感，自信就慢慢建立了。

亲子留言板

贴一张“爸爸妈妈的留言”，用图形图画告诉孩子一天的安排、天气预报、想说的一句话等等。也可以鼓励孩子用画画的形式表达自己的心情等等。

3岁前的孩子是有记忆的！孩子长大以后一辈子记在心灵深处的是什么？

专家告诉我们：孩子记忆的内容有着明显的情绪色彩。

如果爸妈和孩子之间少了温暖而亲切回忆将会是什么后果？心理医生说，在成年的心理障碍患者心目中，爸妈多半是坏人，他们的童年记忆常常是那么的不堪，充满痛苦。其实很少有爸妈会故意给孩子一个痛苦的童年。人对人的伤害也不会都是有意的。

爸妈的责任并不仅仅是教育孩子，努力编织和孩子共有的美好记忆，让孩子的记忆里多一点安全、温暖和快乐，这是爸妈更重要的职责。

洗澡也是一种教育

周　莉

温热的水、温暖的灯光、温柔的妈妈，孩子洗澡了。

洗澡很日常、很琐碎，它有什么教育意义呢？

关键就看你是怎么做的。

我的观察和感悟

有一个关于童年亲密接触的心理学实验令我印象深刻。

一只年幼的猴子从小和妈妈分开居住在实验室里。有两只假的猴子妈妈，一只是铁丝网做的，但是有奶水可以供小猴子吃，另一只没有奶水，但浑身都是温暖柔软的毛。观察发现，这只小猴子饿了就会去吃铁丝猴子的奶水，一旦吃饱就会回到软毛猴子的怀里睡觉，甚至会主动拥抱、亲吻这只柔软的假猴子妈妈，尽管它不会有任何回应，也没有一滴乳汁。这个实验充分说明，和妈妈肢体上的亲密接触，能给予孩子充分的安全感和归属感。这是生理上的需要，更是一种心灵上的抚慰。

场景建议

玩清水和泡泡

洗澡时，拍水、拨水、捧水、浇水，让水顺着指缝流淌，孩子能初步感受水的特性；吹泡泡、摸泡泡、捏泡泡，同时说一些词，如“滑滑的”“白白的”“软软的”。

玩“指哪洗哪”的游戏

“现在要洗臭小脚，小脚丫在哪里？”这时，你一定要装傻，到处也找不到小脚丫，孩子会大笑着喊：“脚丫子在这儿！”

澡盆实验室

把洗澡时用的海绵、擦巾、肥皂等不同重量和材质的物品以及玩具呈现在孩子面前，问问孩子：“把小鸭子放在水里会怎样？把肥皂放在水里会怎样？”沉沉浮浮，软软硬硬，不知不觉孩子的脑袋里就建立了事物的基本概念。

园长的话

这里要特别说一下语言习得的问题。3岁前孩子语言的学习是需要模仿的，需要父母提供丰富的语言环境，让他耳濡目染，这是孩子语言发展的最佳方式。

所以，3岁前的孩子需要有足够的时间和机会跟爸妈作“一对一、面对面”的交流。现代社会有着太多的“电子”干扰，年轻父母都是伴随电子产品长大的，对五花八门的电子产品有着某种天然的亲近感，看电视，刷手机，对着电脑半天不挪屁股，不知不觉，反倒少了张口说话的机会和兴趣，甚至没耐心跟孩子说“闲话”了，更没意识到爸妈有责任要教给孩子最基本的人际交往技巧。

这里，我要问爸妈两个问题：

1. 你每天是跟孩子说话的时间多，还是看手机、面对电视电脑的时间多？

2. 你每天跟宝宝面对面说话了吗？

饭桌变“课桌”的意义

王　慧

日出日落，一日三餐，婴儿变成幼儿。什么时候让孩子学着自己吃饭？有的孩子才 2 岁，就像模像样地自己吃饭了；也有的孩子，进了小学还要大人喂。很多爸妈都挠头皮，“孩子吃饭是件麻烦事”。

我的观察和感悟

孩子的自理能力强不强，家长的观念是关键。为了训练亲子班的孩子自己吃饭，我们准备了两把调羹，一把给孩子，另一把则给家长。给家长的调羹，不是为了让他喂孩子，而是让他在孩子需要帮助的时候，舀一勺饭菜，放进孩子的调羹里，送进嘴巴的动作，还得让孩子自己来完成。

结果发现，那些能巧妙利用调羹并且做到坚持不喂的家长，不仅培养了孩子独立进餐的能力，还在与孩子的互动中建立了亲密愉快的亲子关系。而这些孩子，进入幼儿园托班后，通常也表现出比较强的独立意识和自理能力。

场景建议

让孩子摆餐具，参与家务，树立责任感。告诉孩子餐具的名称，“这是调羹，这是筷子，这是盘子”；一起说说它们的形状，“盘子是圆圆的、筷子是长长的”；让孩子数数餐具的数量，学习量词，“我们家有 4 个人，需要 4 双筷子、4 个饭碗和 4 把调羹”。

全家一起用餐，营造温暖的家庭氛围。吃饭的时候，让宝宝和全家围坐在一起。哪怕很小的孩子，还不能吃什么，全家围坐在一起，谈笑吃饭，孩子有机会观察成人间的情感交流，包括眼神、表情、动作、语言，感受家庭温暖。不要把孩子困在宝宝椅里，大人闷头吃饭。

饭后请孩子做小帮手。 邀请孩子一起完成整理清洁工作，例如“我们一起替桌子擦擦脸吧”“鱼骨头是干垃圾，还是湿垃圾呢”等等。

国外一位学校的校长曾做了一项很有意思的观察，发现如果孩子在家不能经常和父母家人一起吃饭，可能导致他在学校的社交行为举止不得体。这些孩子缺乏和成年人交流沟通的机会，缺乏良好言行举止的熏陶；尤其是餐桌礼仪，更是少了好的模仿对象。那些一声不吭埋头吃饭，对进餐礼仪一无所知的孩子，通常少有机会与爸妈一起进餐。缺乏成年人的指导，孩子只能从同龄人那里学习待人接物。

于是，这位校长极力在学生家庭推行“父母和孩子一起吃饭”的活动。爸妈和孩子一起吃饭的时间越多，交流的时间越多，孩子受礼仪熏陶，行为举止越加得体。他们开始关心自己身边的人，帮助邻座递水拿碟，与身边的同学友善交谈，变得彬彬有礼起来，渐渐地把跟他人一起进餐当成一件愉快的社交活动。

一起去做客！

董　峰

爸妈要出门拜访朋友了，你有没有想过，可以把“带孩子去做客”变成“和孩子一起去做客”？这可是培养孩子成为“小社会人”的好机会哦。

我的观察和感悟

幼儿园的“娃娃家”里，孩子们经常上演“做客”的戏码。有盛装做客的爸爸妈妈、热情待客的爷爷奶奶、孩子和宠物，客人也是各种各样的。小主人有模有样，小客人彬彬有礼。那天有位“爸爸”蹦出一句“你们先吃，我去打电脑了”，一旁的老师都笑翻了，孩子漏底了：爸爸似乎是个电脑游戏迷，还有点不管不顾的孩子气！

场景建议

做好准备。将要去一个陌生的地方，设身处地地替孩子想一想，你熟悉的朋友和同事，对孩子来说却是一个个陌生人，所以，出门之前，最好和孩子说一说对方的大致情况，让孩子有个心理准备："今天我们要去小谢叔叔家，他们家有一个小哥哥，和你差不多大哦。""陈大舅家有一只小狗，叫小宝，你喜欢小狗吗？"

带个孩子喜欢的玩具去做客。"我们带上你的小熊一起去舅舅家好吗？""如果哥哥在写作业，我们不能打扰他，你可以先和小熊玩一会哦。""你想玩哥哥的玩具吧，那要哥哥同意才能玩哦。"

把孩子当成平等的人。让他感觉自己和爸妈一样是受重视的客人，比如吃饭时问问孩子："你能吃辣吗？""你喜欢吃海鲜吗？"大人觥筹交错、相谈甚欢时，可别忘了小家伙，给他一杯饮料，大家一起来碰个杯吧。

我们的建议：

给予孩子你的关注。主客聊天时别忘了小家伙，一个赞许的眼神、一个轻柔的抚摸，都在传递着一个信息——爸爸妈妈一直牵挂着你。 允许孩子表达情绪，年纪小的孩子永远不理解，大人光坐着聊天有什么好玩的。

不吝啬你的鼓励和赞扬。爸妈的赞扬和肯定是修正和强化孩子良好行为的一剂良方，良好的行为都是被赞扬出来的。

孩子闯祸你别动怒。上火责骂，只能显示没涵养，对孩子、对主客双方都毫无益处。孩子闯祸后，成人应真诚道歉，认真仔细地收拾残局，减缓孩子的焦虑紧张。爸妈坦诚冷静的态度和处理事端的言行，将会为孩子今后正确应对过失做良好的铺垫。

现代社会，一个成年人的社交能力至关重要，社会交往能力可以帮助我们提高对自己和他人的认识。2～4岁的学龄前幼儿一般只会关注自己的想法和情绪，有很强的物权观念，他们正处于以自我为中心的阶段。培养孩子社交能力的关键是帮助他们逐步发展出理解他人和感受他人的能力。这是与他人建立合作（同伴、同学、同事和团队协作）和友善关系（亲人、朋友、邻居和陌生人）的基础。

爸妈带孩子做客、在家待客，都是孩子练习社会交往能力再好不过的机会。爸妈可多做有心人，引导孩子学习观察、发现和理解他人的情绪情感，学习各种社会交往的礼仪规则，学习管理和控制自己的言行举止。

待人接物是一门学问，够我们学习一辈子。爸妈的言传身教，正是孩子一生研习这门学问的基础、示范和榜样。

理发店里的心理学

赵锦娟

很多宝宝抗拒理发。小一点的大哭大闹，大一点的则嚷嚷，“剪刀会把我剪痛的”“我舍不得我的头发”“剪完头发我会变丑吧”。

呵呵，拒绝理发的理由有一箩筐呐。

我的观察和感悟

班里的好几位妈妈说，第一次带孩子去理发店很狼狈。

其实，孩子害怕进理发店，怕的是那嗡嗡作响的陌生环境，穿白大褂的理发师让孩子联想到医院里的医生和打针；剪刀、电动推刀这些玩意儿从来没见过，竟然还要到头上嗡嗡嗡、咔嚓咔，能不害怕吗？

据我观察，孩子们对理发这件事其实是很好奇的。娃娃家里都会有个小梳妆台，上面有假的小剪刀、梳子和吹风机，男孩女孩都爱在镜子前剪剪、吹吹、梳梳头发。

所以我认为，消除了紧张害怕心理，孩子应该就不会吵着闹着不肯进理发店了。

场景建议

利用孩子的模仿心理，在理发之前，做一做思想工作。选一个孩子喜欢或熟悉的人，“你看，小姐姐多漂亮，她的头发都是理发店的叔叔剪的！你要想和她一样漂亮，也要剪头发。”

进理发店之前，先熟悉环境。和孩子一起决定去哪家理发店，先不用急着进去，一起在店外的椅子上坐一会，看看店面门口的三色柱，念念店名，观察一下从理发店出来的人。孩子有心理准备，再进去也不迟。

营造轻松愉快的理发氛围。进了理发店的门，和理发师热情打招呼，引导孩子和理发师认识，说说话，在一旁观察一会儿，让孩子熟悉一下环境。

回家后和孩子玩“理发游戏”。让孩子扮演理发师，大人乖乖地坐在椅子上，耐心地让孩子摆弄你的头发，折腾你的发型，虽然你的头发可能遭殃，但孩子对这个游戏充满了新奇感，他玩得兴致勃勃，下一次理发也会更加顺利。

园长的话

主动了解孩子的内心世界而不轻易责怪孩子，才能慢慢引导，缓解孩子的恐惧感。

3岁左右孩子的恐惧心理，一般来说，并不是什么毛病，而是一种年龄特点，一种暂时的现象。不过，它也提醒爸妈，孩子目前有点情绪不安，需要大人给予关注。这个年龄的孩子，随着想象力的发展，开始害怕童话里的妖魔鬼怪，因为它们都象征着凶残和危险。怕黑、怕进入空房子、怕锁着的柜子，也是因为孩子想象中里面会藏着一些不可知的东西，所以，爸妈要理解孩子。

爸妈的关心和理解在很大程度上决定了孩子情绪安宁与否，是孩子感到安全的前提条件。孩子的勇敢，来自他内心的安全；孩子的独立，是因为背后有爱他、支持他的父母。孩子始终是孩子，相信他会保持对自己充满信心，对周围环境充满好奇。

世界那么大，常出去看看

胡丽婴

周末，只要天气好，爸爸妈妈经常会选择一家人出游。植物园、动物园、周边的小镇，都是适合孩子的好去处。

我的观察和感悟

幼儿园的春游、秋游活动是最令孩子期待的活动了。别说孩子们，老早就翘首以待、急不可耐了，就连老师、家长也满心期待。

放松心情、放空脑袋，这就是旅行的魅力。

场景建议

大自然的秘密无穷无尽，随处可见。和孩子一起捡捡树叶，带回家后将树叶分分类，排排队，比比大小，摆成各种造型。

玩旅行途中的“变废为宝”游戏。喝空的矿泉水瓶，就是一件变化多多、好玩有趣的玩具。捡几粒小石子或小树叶放进去，摇一摇，听一听，看一看；带回家又是一件特别的纪念品。

鼓励孩子对他人和异地的生活保持好奇。除了游山玩水，走走看看，还可以多多带孩子尝一尝当地美食，和当地人聊聊天。孩子面对的是一个全新的世界和完全不同的生活方式。不只是看，还要聊一聊，有对比，有发现，这能让孩子从小见多识广。

旅行在外，你的孩子需要适应陌生的环境，这对小年龄的孩子是一个考验。

周围不断涌现陌生的面孔和不断变化的陌生环境，孩子可能紧张害怕。陌生的床，从来没有吃过的饭菜，再加上舟车劳顿，孩子会变得脾气坏、要求多多，更难对付，他会比平时更依赖你。

最好预先有个心理准备。用尽可能简单易懂的语句向他描述在旅行时可能见到什么和遇见什么人，告诉他路程有多久，怎么去等等。为了孩子能适应长途旅行，你不妨提前在某个周末，先带孩子作一次短途出游，让孩子适应一下。

将你对旅行的兴奋和期待传达给孩子，他将会有同感，旅行时他也会更加配合。到达目的地后，不妨花些时间让孩子熟悉新的环境。

请牢记，爸爸妈妈是能带给孩子最大安全感的“毛绒毯”。

神秘的朋友，影子

张梦媛

孩子玩过“影子”游戏吗？

黑乎乎的影子，近在咫尺，看得见，抓不住。对孩子来说，影子是超级神秘的。

我们和影子一起做个游戏吧！

我的观察和感悟

天气晴好的时候，我都会带孩子餐后散步。安静的午后，阳光明媚，有的孩子低头捡树叶，有的孩子三五成群地打闹，有的孩子安静地看麻雀扑腾。几个小调皮最喜欢踩老师的影子，或者躲在老师的影子里玩隐身游戏。

孩子们说得好，“影子是太阳公公送给每一个人的朋友”。

场景建议

在户外，可以玩捉影子、踩影子的游戏。你踩我的影子，我追你的影子。启发孩子观察各种物体的影子，静态的电线杆、移动的小狗小猫、斑驳摇晃的树影。跟孩子再一起找一找，还有哪些好玩的、特别的影子。

手影是一种古老而传统的游戏。以手为影，只需一点光，就可以通过手势的变化，创造出各种不同的影像，“老鹰追小兔”“五兄弟开会”等等。可以发挥小家伙的想象力、创造力，发明属于自己的影子游戏。

影子也会玩躲猫猫。妈妈躲在大树下，妈妈的影子不见啦！孩子躲在妈妈旁边，孩子的影子不见啦！影子可真有趣。

园长的话

这是一个有趣的游戏。也许有人会问，这个游戏能教给孩子什么？对，它没教孩子数数，没教孩子识物，它甚至也不打算说明什么。

它传递给孩子的是一种感觉：快乐就在我们的身边，大自然真奇妙。享受大自然，发现大自然的美妙，这是造物主馈赠给人类最奇特、最美好的礼物。

哪怕你跟孩子什么都不做，就静静地并肩仰天躺下来，公园的草坪，海滨的沙滩，甚至你们家小小的阳台都是理想的地方，仰望天空，谈论一下云彩的形状，再想象一下云彩们可能发生的故事；或者什么也不说，什么也不做，闭上眼睛，只是聚精会神地倾听、遐想……这时候，孩子感受大自然的心灵之窗在你的诱导下缓缓地开启了。

我爸爸很牛的

陶　岚

家里不管是灯泡坏了，还是马桶堵了，或是妈妈对新电器如何使用一筹莫展时，爸爸总是那个一马当先挺身出来解决问题的人。在孩子眼中，爸爸无所不能。孩子们都希望快快长大，学会爸爸的各种本领。

牛爸该怎样带出一个牛娃呢？

我的观察和感悟

在幼儿园里，爸爸妈妈是孩子们口中提到次数最多的人。年龄小的孩子更多地提到妈妈，大一点的孩子则更多地“炫耀”爸爸——“我爸爸会修车”“我爸爸力气很大的”……男孩子喜欢扮演爸爸的样子，穿西服打领带、拎皮包去上班；女孩子则对爸爸十分依恋，经常很自豪地夸自己的爸爸如何厉害。

嘿嘿，做爸爸的可不能辜负你的小崇拜者！

场景建议

洗车小能手。 爸爸洗车时，可以请孩子来帮忙，不管是拿抹布擦洗，还是拿水枪冲洗，或者擦干打蜡，孩子们都会兴致勃勃、干得起劲。你的夸奖，孩子特别受用哦，“你真是个洗车小能手！”和孩子一起享受劳动成果，开车出去兜个风。

爬高换电灯泡，孩子是得力小助手。 请他帮忙扶梯子、递螺丝钉，他会非常乐意。最后请他打开开关，检验一下修理成果。灯亮起那一刻，你们可以一起享受成就感。

安排一次爸爸和孩子单独的旅行。 去附近的公园郊游一次，到临近的小镇住上一晚，怎样安排吃喝，怎样料理梳洗，怎样打理衣服鞋子，妈妈不在，这些事都是全新的体验。爸爸会发现，孩子非常享受和你单独相处的时光，而这也将成为你们永远的美好记忆。

心理学家告诉我们，爸爸对孩子的情绪、独立性和社会化发展有着不可替代的作用。孩子的情绪发展本来就需要得到温柔安静和兴奋冒险这两种刺激，多数妈妈向孩子提供了柔情和温暖。在和孩子的接触方式上，爸爸妈妈之间有着微妙的差异。拿抱孩子这件事来说，爸爸妈妈就有很大的不同。爸爸的幅度比较大，动作粗放又大胆，常常能让孩子体会到冒险的快乐。孩子从小就能从妈妈柔软温暖的怀抱中和爸爸粗大有力的手中感受到爸爸妈妈的不同，与妈妈的温柔爱护相比，爸爸则让孩子体验冒险、刺激和兴奋。

孩子的情感需求得到满足，身心便可得以全面发展。

爸爸再忙，也一定要抽出时间陪伴你的孩子，不要老是想着“等孩子长大一点再说吧”。等孩子真的长大了，那个时候，你可能发现，他却没有时间让你陪伴了。

移动的亲子时光

周亚楠

坐车时因为狭小的空间、漫长的路程以及被绑在安全座椅上的无奈会让孩子觉得无聊，爸妈除了一遍一遍的安慰，好像也没有别的好方法。

车里虽然空间狭小，但是，它倒也能够拉近爸妈和孩子的距离，如果能巧妙利用，也会有意想不到的收获。

我的观察和感悟

我是一名幼儿园老师，也是一个小班孩子的妈妈，每天和孩子上下学坐车的这段路，不能到处走，也做不了别的事情，孩子的确会无聊。我把这些零碎的时间利用起来，通过各种小游戏、小话题培养孩子的语言表达能力、逻辑思维能力、创造力等。对我们来说，坐在车里移动的时候，实在是一段非常美妙的亲子时光，是一种有效的陪伴。

场景建议

说

根据窗外的景色，聊聊春夏秋冬的变化。如果宝宝年龄小，可以多跟孩子对话，聊聊梧桐树、高高的楼、蓝蓝的天、白白的云、过往的行人。你一句，我一句，很多都可以成为你们一起聊的话题。如果孩子年龄稍长，可以一起比较一下两幢房子的高矮，说说下个路口左转是去哪里，白色小轿车的牌照上是什么数字，聊聊这个商店是眼镜店还是面包店……

看

坐在车里，孩子的注意力容易集中在车窗外的景物上，正是进行视觉探索的好机会。可以启发孩子找和看。找有趣的东西，驶过建筑工地附近可以找找数数大吊车，驶过居民区和公园附近数数路边的狗，找找各种颜色的房子，找找红色的房子、红色的车、红色的店招，穿红衣服的人……爸妈可随机应变、灵活选择。

玩

如果是下雨天，蒸腾的雾气，爸爸开车，妈妈可以一起和孩子在车窗上画画，妈妈画一朵花，孩子按个小手印当叶子。

无聊时一起观察车窗上的雨滴也是一个特别的游戏。一滴一滴，最终汇成一串水珠珠，小雨滴变成大雨滴。来一场比赛，每人选一滴雨，看看谁的雨滴先落到窗缝里。

游戏和话题都要根据孩子的年龄特点、认知水平，以及自己孩子的兴趣点来选择，有些游戏循序渐进，爸妈要给予鼓励，让孩子慢慢提高游戏水平，当孩子完成得很好，可以适当增加难度和挑战，孩子会更有兴趣。

坐在移动的车里，聪明的爸妈也能让它成为有趣又温馨的亲子时光。它不仅能够拉近爸妈和孩子的距离，还能把零碎的时间利用起来做到有效陪伴。车里的各种小游戏、小话题培养了孩子的语言表达能力、逻辑思维能力、创造力等，一举多得。

小阳台，大世界

董　峰

窗边和阳台，给了孩子们观察世界的新视角。平时望不到顶的楼顶就在眼前，每家每户的窗台窗帘五花八门，呼啸而过的汽车好像变慢了；窗外的树枝树叶，白天黑夜是那么的不一样。

花一点点时间，利用小小的阳台或者窗户，引导孩子观察发现外面世界的奇妙。

我的观察和感悟

教室里的窗户，屋顶游乐园的栏杆处，经常能看到孩子们流连张望的身影。窗户外面是新奇有趣的大世界。新入园的孩子，窗户竟也成了他们化解分离焦虑的良药。我常常抱起他们，站在窗户旁，看看楼下草坪上的哥哥姐姐做运动，看看沿街马路上川流不息的车辆，看看枝繁叶茂的梧桐树，也许这一切让孩子们憧憬着爸妈会从街角走来接他回家，哭闹再凶的孩子也因此破涕而笑。

场景建议

“蓝天白云”“天幕星空”是非常棒的话题。引导孩子观察每朵云的形状，“宝贝你看那朵云，像不像昨天我们吃的棉花糖啊？”“哇哦，棉花糖变成小绵羊喽！”引发孩子发现万物的变化，激发想象力，丰富语言的词汇，提高表达能力。

准备一块垫子，假装野餐。你们可以在这里，悠闲地坐着、躺着，还可以一起看书、一起搭积木、吃个小点心，想想就很美好呢。

在阳台上播种一些植物。花草、蔬菜都可以，和孩子一起挑选植物类型、一起种植、一起摆放，打造属于你们的“绿色天地”。

和孩子一起静静地看星星月亮也不错。孩子需要静心发呆的时间。

园长的话

有时候，孩子会无所事事，仰望星空，看似发呆。其实，他正在出神遐想，他的思绪飞向了无际的天空，脑海里充满不受约束的想象。他可能第一次感受到什么是遥远的地方和不可知的东西。

发呆和无所事事的背后可能蕴含着主动、独立、深刻的思考。那一刻，孩子的想象力和思考力被大大地激发了，所以孩子发呆、无所事事也可能促进他学习能力的发展。

孩子站在窗前，长时间沉默不语，千万别去打搅他。他可能正在专心地看着太阳西下，他会发现那一抹夕阳在树梢、屋顶和天际的移动和变化，从金黄色到橘红色，然后变成红紫色，最后是一缕淡淡的青紫……

在看似静止的物体上发现其变化多端，孩子的观察力、思考力和可贵的专注力都得到了大大的提升。他发现了别人没有发现的东西和变化，不再是被动地接受刺激，而是主动地、独立地进行思考。

这些对孩子今后的学习生涯和人生有意义吗？意义可大了。

百变纸箱

陈文英

网购很方便，麻烦的是纸箱一大堆，我们习惯于随手就扔了。大的电器纸盒、小的尿片纸盒……如果我们能和孩子一起，动动脑筋、动动手，它们可都是隐形的宝贝。

我的观察和感悟

要说废物利用和自制教玩具，幼儿园老师最拿手了。牛奶盒、饮料瓶和纸箱等都能变废为宝。我和孩子们一起给鸡蛋壳涂色，变成好玩的不倒翁或京剧脸谱，把废弃的饮料瓶打洞变成水枪，孩子们玩得不亦乐乎。这些活动既环保，又轻松随意，孩子们动手动脑，想象力得到了充分发挥。

场景建议

电器大盒子可是千金难求的大型玩具，在家畅玩“游乐场”。

躲猫猫

箱子横倒，打开两头，用封箱带粘牢，在纸箱一端盖上一块漂亮的布，让孩子躲在里面，“躲好了吗？在哪儿呢？”大人假装找不到，孩子一定会忍不住，在里面嘻嘻发笑。这时候你再把布掀开，孩子会乐不可支，笑得打滚。也可以尝试大人躲进箱子，让孩子来找。学习“轮流”，在这种时候往往是个好时机。

太空舱

箱子横倒，合上两头的盖子，让孩子钻进箱子。“火箭要发射啦，太空舱里的乘客坐稳哦。”轻轻摇晃或翻动纸箱，根据孩子的年龄和动作能力把握摇晃幅度，注意安全。

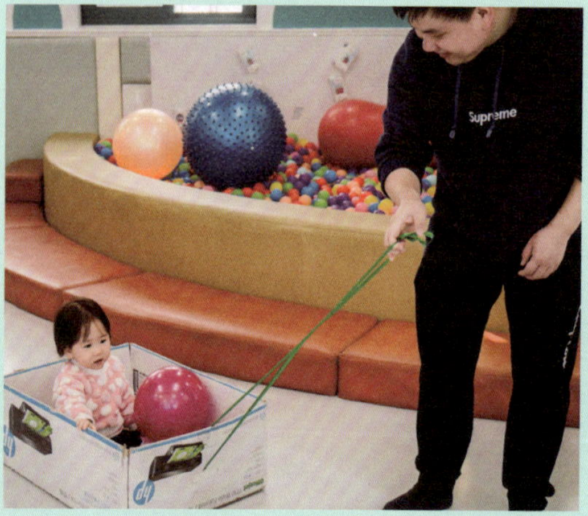

纸箱城堡

家里大大小小的纸箱多了，太棒了，可用来搭城堡。孩子特别喜欢这样的小空间，他爱怎么玩就怎么玩。大人也可以钻进去，和孩子挤一挤、躲一躲；也可以在“城堡屋顶”假装被困，伸出手让孩子来拯救。

中小型纸箱盒子更灵活百变，变废为宝，只在你的灵机一动。

纸箱拉车

纸箱的一端凿一个洞，穿一根绳子，“小汽车来啦！”让孩子拉着纸箱小车、装上他想要装的东西，到处走一走。

开小火车

把牛奶盒子粘连起来，在一端系上绳子，孩子可以拉着绳子，“呜呜呜，小火车开起来啦！”

盒子围栏

收集多个牛奶盒，粘在一起变“围栏”，假装是动物园、游泳池、钓鱼的小池塘……

大大小小的纸箱有各种各样的玩法，让孩子随意玩，他可能有你意想不到的创造发明。

园长的话

爸妈常常想把游戏当作教育的工具，而孩子玩的目的是开心。要让孩子玩得开心，大人就要丢掉“急功近利”。那些能把孩子哄得欢天喜地的爸妈说，要让孩子玩得开心，玩得尽心，很简单呀，自己玩得投入就行了。的确，会和孩子玩的爸妈，自己也喜欢玩。

在与孩子的游戏中不要处处作主，小心追随孩子的奇思妙想就足够了。简单又好玩的纸箱尤其适合小年龄孩子天马行空的思维模式，能让他们玩上好半天，爸妈多动动脑筋还能变化出更多的玩法。

我认为，和孩子玩其实不需要昂贵的花费，不需要太多的时间，更不需要专业知识，只要我们自己有那么一点好玩之心，有那么一点顽皮之意，我们就能“制造”许多游戏，“制造”许多乐趣，让孩子闭上抱怨的嘴，张开快活的嘴，并且还能启发孩子天马行空、自由驰骋的想象力。

科研后援

关系先于教育，一旦发现问题，首先要审视并改善父母和孩子的关系。

关系大于教育，一旦两者发生冲突时，首先要寻找合适的方式来维系双方关系，不能以牺牲父母和孩子的关系为前提。

了解你和你的孩子

中国福利会托儿所科研室

孩子呱呱坠地，你和他的关系——亲子关系便也开始建构了。建构者就是你和孩子。爸妈没有机会预习，孩子没有机会选择。但这却是一个必须你们双方亲力亲为的“工程”。

亲子关系的建立不是一朝一夕，而是长期互动的结果。

亲子互动是孩子影响爸妈、爸妈影响孩子的双向过程。

孩子是带着自己的气质来到这世界上的。气质决定了孩子应对环境、回应父母的方式，这就是我们平时说的个性差异。而爸妈和孩子的互动，受到双方气质的影响和制约。爸妈的教养方式是因势利导的，能与孩子的气质“匹配”，通常能造就良好的亲子互动，形成和谐的亲子关系。

一个孩子一个样。了解孩子，了解自己，是为人父母很重要的学问和任务。

为此，2019 年，我们科研室在托班年龄段的 99 个家庭中开展了关于亲子关系的问卷调查，内容涉及孩子的气质特点、爸妈的教养方式以及爸妈和孩子的亲子关系。依据初步的数据分析结果，我们对孩子、爸妈和教师展开了有关 0 ～ 3 岁婴幼儿亲子关系培养的循证研究，从亲子互动的双方身上寻找建立健康亲子关系的线索。

这次调查还得到了意外的收获，有好几个参加问卷调查的爸妈说：“做了这些测试题，还知道了一个道理，原来一样是荡秋千、滑滑梯，每个孩子的表现都是不一样的。”“做了题目，看到了别的孩子的气质表现，对照一下，才知道自己孩子的气质不一样在哪里了。”家长们随口说的一句话，让我们豁然开朗，意识到在一个“比较大的范围里了解我的这个孩子”是一件很重要、很值得探讨的事情。

父母在家庭只能面对一个或者两个孩子，我们老师在托儿所面对的是一大群孩子，有特别多的机会观察众多的孩子。同样一件事，这个孩子这样做，那个孩子是那样做，比较多了，了解孩子相对要容易一点。

在大草坪上、教室里或者上下楼梯时，每个孩子的外表不同、声音不同、微笑不同，他们跟他人互动、对事物的反应、情绪表达、行为模式也都是那样的不同。

这里，我们把问卷的部分测评题选编后和大家分享，让读者也能从教养方式、儿童气质、亲子之间的亲密性、冲突度、依赖性的角度来了解自己、孩子以及你们的亲子关系。需要指出的是，亲子关系、气质和教养方式，不是一成不变的，当前的测量结果只能反映某一个阶段的状态。另外，与智力测试一样，亲子关系、气质和教养方式的测量角度，也因不同研究者和不同的研究方向而有差异，这与专家们对概念内涵的界定有密切关系。我们这里只是选择了目前在学术领域用得较多的测量角度。

我们还特别要告诉爸妈，环境和孩子的气质是否配合，比孩子本身是什么样的气质更重要，因为——

气质对亲子关系的影响很大；

气质会影响孩子的健康、发展和行为；

气质会左右爸妈的行事方式，不管是个人事务还是父母的角色。

自测题

一、观察和了解您孩子的气质特点

请您根据您的孩子在过去 6 个月里的行为反应，来判断以下描述是否恰当，并从 7 个恰当等级中选择一个最符合孩子实际情况的选项。

外倾性指孩子对他喜欢、有兴趣的活动的积极参与度和表现出来的情绪兴奋程度，孩子总体的运动速度与范围，对高刺激、复杂、兴奋或运动量大的活动的喜好与参与程度，情绪反应激起的速度。

消极情绪指孩子对环境中自感不舒服刺激的灵敏程度，当任务或目标达成受阻时表现出来的消极情绪行为，对不开心的事、担忧的事、身体疼痛、紧张气氛或潜在的危险的过敏程度，从高强度的情绪反应（如兴奋、激动、悲伤）中恢复的速度。

努力控制水平指孩子对事物的注意力集中程度，在广泛情境中对微小、低强度刺激的觉察程度，在指导或自然状态下，抑制或延后一个想当然的反应的能力。

特别说明：问卷后的分数划分，是基于我校托班 99 组家庭的问卷调查结果制定的，是一个相对的指标，不是绝对的标准。

外倾性

1 非常不恰当	2 很不恰当	3 有点不恰当	4 不确定	5 有点恰当	6 很恰当	7 非常恰当

(　　) 1. 喜欢滑比较高的滑梯。

(　　) 2. 荡秋千时喜欢又高又快。

(　　) 3. 到了一个新的地方，也能够玩得起劲。

(　　) 4. 对任何人都不拘束。

(　　) 5. 即使在晚上，也精力充沛。

得分在 29 分以上，说明孩子外倾性高，对事物充满好奇心，对于大多数活动，参与其中，他都很享受，与人交往积极，反应灵活。

得分在 20 ~ 29 分，说明孩子的外倾性属于中等水平。

得分在 20 分以下，说明孩子对活动不感兴趣，日常交往和活动参与度较低，偏于安静。

消极情绪

1 非常不恰当	2 很不恰当	3 有点不恰当	4 不确定	5 有点恰当	6 很恰当	7 非常恰当

（　　）1. 当想做的事情被阻止时，会变得非常生气 。

（　　）2. 生气时，往往要持续 10 分钟或更长时间。

（　　）3. 答应他的事情没有兑现，往往会变得很沮丧。

（　　）4. 怕黑、害怕“大灰狼”。

（　　）5. 当他喜欢的亲友来访后准备离开时，会变得烦躁。

得分在 29 分以上，说明孩子对环境反应比较敏感，容易产生不适感和受挫感，并由此产生悲伤、恐惧、恼怒、沮丧、焦虑等情绪。

得分在 20 ~ 29 分，说明孩子消极情绪处于中等水平。

得分在 20 分以下，说明孩子容易避免周围环境和事物带来的消极影响，内心比较坚强，不易产生消极情绪。

努力控制水平

1 非常不恰当	2 很不恰当	3 有点不恰当	4 不确定	5 有点恰当	6 很恰当	7 非常恰当

（　　）1. 画图或涂色时表现得非常专注。

（　　）2. 当父母穿了新衣服时，他会有所注意。

（　　）3. 当搭建或者拼凑玩具或者某些东西时，能够非常投入且持续很长时间。

（　　）4. 善于按照他人的要求采取行动。

（　　）5. 能很快注意到家里或者熟悉环境里的新东西。

（　　）6. 能为旅行或外出准备他需要的东西。

得分在 35 分以上，说明孩子能够抑制自己的本能冲动，注意集中，遵守纪律。
得分在 24 ~ 35 分，说明孩子的努力控制处于中等水平。
得分在 24 分以下，说明孩子的行为经常被自己的冲动所控制，难以管理好自己的行为，注意不集中，容易忽视规矩。

二、觉察您的教养方式

下面的测试题可以帮助您了解评价自己面对孩子时表现出来的一些行为，并从 5 个频次等级中选择一个最符合实际情况的选项。

父母的权威教养行为包括对孩子有明确合理的要求，会为孩子设立一定的行为目标，对孩子不合理的任性行为做出适当的限制并督促孩子努力达成目标，同时，能主动关爱孩子，能够耐心地倾听孩子，而且能晓之以理、动之以情，激励孩子自我成长。

父母的专制教养行为包括拿大人的标准来要求孩子，不考虑孩子的个性；对孩子的想法置之不顾；把听话视为优点，认为限制孩子的自主权有好处；爱给孩子立规矩，不许看电视、不许出去玩等等，强制孩子执行家长的主观意志，不给孩子讲清为什么不能这样做；不给孩子自律的机会，想方设法“看管”“监视”孩子。

权威教养行为

1 从不	2 偶尔	3 半数时候	4 很经常	5 总是

(　　) 1. 当孩子受到伤害或挫折时，我能感同身受。

(　　) 2. 我鼓励孩子述说他遇到的麻烦。

(　　) 3. 我在孩子难过时会对他表示理解和安慰。

(　　) 4. 我在孩子表现良好时会赞扬他。

(　　) 5. 我向孩子讲要遵守规则的道理。

(　　) 6. 我鼓励孩子谈论自己行为的后果，以帮助他理解自己行为造成的影响。

(　　) 7. 我在孩子有不恰当行为时向他讲道理。

(　　) 8. 我在教孩子做某件事之前会考虑孩子的愿望和想法。

(　　) 9. 我在管教出现错误时会向孩子道歉。

(　　) 10. 我鼓励孩子自由表达他的想法，哪怕意见与我不同。

(　　) 11. 我允许孩子参加家庭规则的制定。

得分在 33 分以上，说明您对孩子的情感支持高，相处方式较为民主，能够与孩子讲道理，协商合作，尊重孩子的意见。

得分在 22 ~ 33 分，说明您的权威教养行为处于中等水平。

得分在 22 分以下，说明您对孩子的情感支持较少，很少与孩子协商，很少认真重视孩子的观点。

专制教养行为

1从不	2偶尔	3半数时候	4很经常	5总是

( ) 1. 我教导孩子时，惩罚的方式比讲道理的方法用得多。

( ) 2. 我在孩子不听话的时候会惩罚孩子。

( ) 3. 我在孩子行为不当时会惩罚孩子。

( ) 4. 我在孩子不听话时会拉拽孩子。

( ) 5. 我会迁怒于孩子。

( ) 6. 孩子问为什么他要服从时，我会说：这是我说的，我是你父母，我要你这样做。

( ) 7. 我以剥夺特权的方式惩罚孩子时，不（或很少）作解释。

( ) 8. 我用把孩子独自留在一边的方式惩罚他，而不(或很少)作解释。

得分在24分以上，说明您对待孩子，经常以身体胁迫、惩罚等方式处理，很少考虑到孩子的意愿行事。

得分在16～24分，说明您的专制教养行为处于中等水平。

得分在16分以下，说明您对孩子很少采用身体胁迫、惩罚等方式，很少会不考虑孩子的意愿行事。

三、观察你们的亲子关系

对下列陈述进行判断，并根据与实际情况的符合程度做出选择。

孩子与您的关系和互动的冲突程度

1 完全不符合	2 基本不符合	3 不能确定	4 有些符合	5 完全符合

(　　) 1. 孩子容易对我生气。

(　　) 2. 当我和别的孩子在一起时，我的孩子会表示出不悦或嫉妒。

(　　) 3. 和孩子发生冲突后，事后他仍然会因此生我的气。

(　　) 4. 与孩子的相处耗尽了我的精力。

(　　) 5. 当孩子心情不好的时候，我就知道这一天对我俩来说将会漫长而又难熬。

(　　) 6. 孩子想从我这儿得到什么东西的时候，他会哼哼唧唧或者哭起来。

得分在 18 分以上，说明您与孩子的冲突比较频繁，相处比较困难。

得分在 12 ~ 18 分，说明您与孩子的冲突处于中等水平。

得分在 12 分以下，说明您与孩子之间很少冲突。

您和孩子之间的亲密程度

1 完全不符合	2 基本不符合	3 不能确定	4 有些符合	5 完全符合

(　　) 1. 如果孩子情绪低落，他会向我寻求安慰。

(　　) 2. 当我表扬孩子的时候，他会自豪地微笑。

(　　) 3. 孩子会很自然地把有关他自己的一些情况分享给我听。

(　　) 4. 孩子会模仿我的行为或者做事情的方法。

(　　) 5. 我能很容易地体察孩子的感受。

得分在 15 分以上，说明您和孩子之间亲密度高，情感连接紧密。

得分在 10 ~ 15 分，说明您和孩子的亲密度处于中等水平。

得分在 10 分以下，说明您和孩子的亲密度较低。

孩子对您的依赖程度

1完全不符合	2基本不符合	3不能确定	4有些符合	5完全符合

(　　) 1. 当我纠正孩子错误的时候，他会伤心或者觉得不好意思。

(　　) 2. 孩子和我分离时有强烈的反应。

(　　) 3. 当确实不需要帮助时，我的孩子仍会向我寻求帮助。

(　　) 4. 我常常在工作的时候想起我的孩子。

得分在 12 分以上，说明孩子对您依赖性高，离不开您。

得分在 8 ~ 12 分，说明孩子对您的依赖性处于中等水平。

得分在 8 分以下，说明孩子对您不是特别依赖。

顺应气质，优化教养方式，造就良好亲子关系

中国福利会托儿所科研室主任　程　丹

“生活处处是早教”，我们倡导的是爸妈在和孩子的日常陪伴中潜移默化地实施低龄婴幼儿的早期教育，让亲子互动变得丰富多彩、乐趣多多、收获满满。这里的“收获”，除了孩子动作、语言、认知等的发展外，我们更在乎的是爸妈与孩子之间建立的正向亲子关系。作为父母，我们要学习的不仅仅是怎么做合格的家长，更要学习如何和孩子相处。在你与孩子的相处中，我们希望你能了解以下的关键信息。

一、顺应孩子的气质

气质与生俱来。孩子在出生不久就表现出气质的差异，譬如刚出生的婴儿，有的好哭、好动，有的安静、少动。这里描述的就是气质特征。

气质主要表现为人的心理活动的动力方面的特点，包括认知过程、情绪情感过程、意志过程的速度（如知觉的速度、思维的灵活程度）、稳定性（如注意力集中时间的长短）、强度（如情绪的强弱、意志努力的程度）以及心理活动的指向性特点（有的人倾向于外部事物，从外界获得新印象；有的人倾向于内部，经常体验自己的情绪，分析自己的思想和印象）。

不同的气质是连续的，不存在质的区别，而是个体在不同维度上量的差异，各维度的整合形成了千差万别的气质。

“气质”≠“性格”。性格是指个体对外界社会较稳定的态度和与之

适应的习惯化了的行为方式。是后天生活过程中形成的。当孩子开始接触除家庭以外的社会时，大部分爸妈会更关注孩子性格的发展，而不是气质。

性格，总是伴随着社会生活中个体与事、物、人的各种关系背景，因此，我们会觉得有些性格是好的，有些性格是不好的。我们通常是在具体的活动内容的前提下评价他人的性格，性格反映的是个体的社会特征。

但气质确实会对性格产生影响，气质影响着性格的表现方式。

同样是对人友善的性格，有的人表现为亲切关怀，有的表现为热情豪爽，还可以表现为诚恳或温柔。同时气质会影响性格形成和发展的速度，如自制力的形成，有的人需要经过极大的克制和努力，而有的人则比较自然和容易。

当孩子是婴儿时，爸妈对他的气质会表现出自适应的模式，如对于好哭好动的婴儿，爸妈会表现出对孩子需求的高敏感性；当孩子进入学龄期或者走入社会后，爸妈常会忽略其气质，将其与性格混淆。

了解孩子的气质，对爸妈思考自己的教养行为以及有效塑造孩子的性格有积极的帮助。

气质没有好坏。父母要以积极的态度看待孩子的气质，气质虽然有消极和积极之别，但绝没有好坏优劣之分。

父母应该把负面的评价用词改为中性的甚至是正面的，譬如用“精力充沛”代替“多动”、“小心翼翼”代替“胆小的”、“感性的”代替“太敏感了”、“坚持自己的看法”代替“固执己见”等等。多尝试以积极的方式看待孩子，接纳他，使自己的养育方式适合孩子的气质特点。注重发扬孩子气质特征中积极的方面，克服消极的方面，促使孩子形成个人特有的活动风格。

气质和性格共同决定了孩子的个性。

作为社会人，爸妈习惯用社会的标准来评价孩子的个性，期望孩子的表现能符合社会的“喜好”，兢兢业业地想将气质各异的孩子改造成一样标准的“好孩子”。

有的爸妈觉得外向的孩子更容易受欢迎，就会勉强内向的孩子去参加他不愿意参加的集体活动。在我们的调查结果中，外倾性气质特点的平均得分为 3.82，也就是说在我们调查的群体中，大部分的孩子外倾性水平处于中等水平。

其实，大多数时候，孩子的“缺点”的另一面反倒是优点。

如调皮捣蛋的孩子可能有较强的自我意识；贪玩的孩子会有很多点子，思维比较活跃，创造性强；安静的孩子对问题的思考富有深度，而且善于观察。

所以，爸妈要善于换一个角度思考，尽力去发现孩子气质特征中的闪光点，发挥孩子个性优势，让他成为一个独一无二的人。

让孩子悦纳自己。常有爸妈发愁：“我的孩子为什么不自信？”

孩子不自信，多半与爸妈过度地对孩子的行为进行好坏评价有密切的联系。按照美国学者埃里克森（发展心理学和精神分析学方面的专家）的人格发展理论的观点，学龄前期的孩子，正是发展其自主性和主动性的阶段，他们通过亲近的人，特别是爸妈，来确定自己的独特价值。

如果爸妈一味按照自己的标准，告诉孩子这个“不可以”，那个“应该是这样的”，会让他觉得自己的自主行为或想法是不够好的，连爸妈都不能接受，久而久之，孩子会害怕成为和别人不一样的人。

这样的孩子，心理基础是脆弱的，难以接受自己，遇到问题常常会委曲求全。因此，让孩子明确自己很独特，是很重要的。悦纳自己，个性会成为孩子坚强的源泉。

让孩子把别人个性中的优点当作一种技术来学习，而不是强行让其成为孩子个性的一部分。譬如，孩子个性内向，但爸妈希望孩子能开朗一点，爸妈首先要让孩子感觉到爸妈很喜欢他的性格，从积极的一面肯定孩子的个性表现：“我们学会打招呼了，有进步”……

这样做，让孩子感觉到自己是在学习一种本领，而不是在和自己的天性发生冲突，不需要否定自己。

二、优化您的教养方式

教养方式是指父母在抚养和教育孩子过程中通常所采用的方法和形式，是教养行为的概括特征，是一种较为稳定的行为风格。其反映的常常不是理性选择的结果，更像是家长在养育孩子过程中的无意识呈现。我们问卷中“教养方式”的测评也是让家长对教养行为的经常性进行判断，而不是有或没有。

那么，教养方式如何得以形成呢？

父母的教养方式稍不留意就会“被动养成”。

社会状况会对家长的教养观念产生影响，文化传统、特定时期的社会特征等都会潜移默化地影响我们的教养方式。在竞争激烈的应试教育大环境下，大多数爸妈为追求高投资、高回报，在教养孩子过程中，常常会表现出高控制和要求孩子绝对服从的教养行为。

我们所处的阶层也常常从侧面影响着我们的教养方式。不同社会地位的爸妈在受教育程度、职业特征、工作强度等方面会产生分化，造就了不同的教养方式。高学历的爸妈，在督促孩子学习上，更多采用引导的方式，这与我们的调查结果也是一致的。

孩子的气质特点是影响父母教养方式的重要因素。孩子的性别、所处的年龄段、孩子的气质性格等，都会让我们的教养方式产生波动变化。我们的调查结果还显示，家庭中孩子的人数也会影响爸妈的教养方式。

我们每个人都有自己的原生家庭以及家庭特有的教养方式，当我们成为家长时，会选择性地继承和改良父母的教养方式，变为自己教养方式的一部分。另外，夫妻关系作为家庭的核心关系，夫妻关系、角色分工、是否彼此支持、对对方及婚姻的满意度等都会对他们和子女的交往和指导等产生明显的影响。

当然，上述的种种影响因素是基于数据的研究结论，放在单一家庭的分析上，并不能完全适用，但亦提供了思考的方向。

值得重视的是，关于教养方式，大部分的家长其实并不能真正了解自己的风格。

虽然教养方式容易被动形成，但良好教养方式确实会对孩子的发展产生积极的影响，因此家长必须主动出击，刻意塑造自己的教养方式。

用发展的眼光看待孩子，准许孩子犯他这个年龄应该犯的错。

教养孩子，家长的职责有两个，一是培养，二便是管教。害怕孩子犯错，家长常常会选择走在错误前面去教育孩子，逮到一个机会，就会大道理连篇。孩子犯错时，家长常常会十分焦虑，觉得如果不赶快纠正过来，再发展下去，会产生严重的后果，所以他们会急于批评或指责孩子，甚至口不择言，认为只有这样才能让孩子记住教训，不再恶性发展下去。

其实大多数时候，孩子对这些大道理也是一知半解，过后也就忘记了。大部分情况是，家长稍不留心，孩子就会犯“早就教育过”的错。家长过度使用“说道理的沟通方式”，反而会让孩子产生反感，到了青春叛逆期，问题就来了。

孩子本来就有自我成长的需求和能力，犯错也是其中一个方法。孩子犯错后，和他一起总结经验教训，再讲道理，这样更能被孩子接受。要用发展的眼光看待孩子犯错。

三、亲子关系的独立存在性

如果觉得亲子关系不好、不舒服，部分爸妈会反省自己，内疚于自己平日对待孩子的种种苛刻；还有部分爸妈会将原因归到孩子的身上，感慨孩子的难带和磨人。

但实际上，亲子关系里的这种因果关系并不那么简单，关系的形成需要时间的累积，而时间一旦拉长，因果就没有了界限，你认为是原因的东西，可能就是结果，因果是互换的、循环的，而经过无数次的循环，才形成了现在的局面。

我们希望爸妈能关注关系本身，克服把关系当成教育孩子过程中的衍生物的思维习惯。当我们把关系作为独立的事物来看待时，你会发现，当亲子关系不好、不舒服时，我们思考的将是具体事件背后自己和孩子的互动情况，而不是单一孤立的就事论事。

良好的亲子关系不是过度亲密的、过度依赖的纠缠关系，而是一种相对自由、和谐、彼此尊重的关系。

1 岁前，和孩子建立依恋关系是重要的，婴儿需要借助和妈妈的安全性依恋，缓解生理需求、安全需求得不到满足产生的焦虑，面对的是生存质量问题。此时的亲密和依赖，在我们看来是正常的，并且也会对儿童期、青春期亲子关系的形成产生积极的影响。

1 岁之后，依恋关系已不能反映出亲子关系的全部方面。随着孩子的成长，其发展需求也在动态变化，按照美国学者埃里克森人格发展渐成说的观点，1 岁之后，也有可能更早几个月，孩子就开始慢慢萌发自主性的需求。此时，孩子已经把自己看成是和成人一样独立的个体，如果爸妈在与孩子的相处中，还是把孩子当成需要依赖自己的婴儿，就会阻碍孩子自主性的发展，也会让孩子产生不自信的感觉。

因此，当发现孩子有自发性想法或行为时，爸妈与孩子的相处，可以慢慢过渡到自己和他人相处的模式，要多去了解孩子，也要让孩子了解自己，为塑造相对自由、和谐、彼此尊重的亲子关系而努力。

四、关系先于教育，关系大于教育

亲子关系，区别于其他人际关系的地方在于，爸妈不仅要和孩子交往，其中还掺杂着教育孩子的任务。

现代的爸妈重视教育，常常忽略了和孩子的亲子关系，一些爸妈有非常正确的教育理念和方法，亲子关系却很糟糕。看上去爸妈的教养方式没有错，但效果却很差。这在孩子小的时候，感觉还不明显，一旦到了青春期，问题就会凸显出来。反过来，当爸妈和孩子建立了良好的亲子关系，你会发现，教育孩子会变得水到渠成那么流畅，即便孩子犯错，爸妈只要稍加提醒引导，每每奏效。

家长容易较多地关注于教养内容，譬如“我要把孩子培养成怎样的人”“孩子要获得哪些技能”等，并且对这些问题绞尽脑汁。对教养内容的过度关注，实际上在无形中给家长设置了目标，造成心理压力。大家都望子成龙，为啥孩子的发展还是千差万别呢？这其中，家长的教养方式起着关键作用。

父母的教养方式，不管是好的对的，或者错的差的，表面上它们都可以在一定程度上达成某些目标，但是，其过程对孩子造成的影响却是截然相反的，最终体现在亲子关系上就是专制教养模式下双方疙疙瘩瘩、冲突矛盾不断。这在我们的调查结果上也有所体现：爸妈的专制教养行为越多，孩子和爸妈之间的冲突也越多；权威教养行为越多，孩子和爸妈的亲密度越高。

我们提倡关系先于教育，不是不纠正孩子的问题，而是一旦发现问题，首先要审视并改善和孩子的关系。关系大于教育，不是说在两者冲突时，牺牲教育；而是爸妈在教育时，首先要寻找合适的方式，寻找维系双方关系的补救措施，不能以牺牲父母和孩子的关系为前提。

图书在版编目（CIP）数据

0-3岁婴幼儿家庭科学育儿指导手册. 生活，处处是早教 / 中国福利会托儿所编. -- 上海：中国中福会出版社, 2020.7（2023.7重印）
ISBN 978-7-5072-3049-9

Ⅰ.①0… Ⅱ.①中… Ⅲ.①婴幼儿－早期教育－家庭教育－手册 Ⅳ.①G781-62

中国版本图书馆CIP数据核字(2020)第121977号

0—3岁婴幼儿家庭科学育儿指导手册

生活，
处处是早教

中国福利会托儿所 编
方 玥 主编

出 版 人 屈笃仕
责任编辑 凌春蓉
装帧设计 钦吟之

出版发行：中国中福会出版社
社　　址：上海市常熟路157号
邮政编码：200031
电　　话：021-64373790
传　　真：021-64373790

经　　销：全国新华书店
印　　制：上海龙腾印务有限公司
开　　本：787mm × 1092mm 1/24
字　　数：100千字
印　　张：6
版　　次：2020年10月第1版
印　　次：2023年7月第4次印刷

ISBN 978-7-5072-3049-9/G.1072　　定价：45.00元